NATUROPATHIE

Grossesse, post-partum et premiers mois de bébé

« Pour changer le monde, nous devons d'abord changer la manière dont les enfants naissent. Et prendre soin des mères, des partenaires et de l'écosystème familial pour intégrer chacun dans cette aventure. »

Michel Odent, chirurgien et obstétricien

Virginie Loth

NATUROPATHIE

Grossesse, post-partum et premiers mois de bébé

MANGO
éditions

Sommaire

Préface

À l'heure où la grossesse, la naissance et l'enfance sont de plus en plus abordées sous un angle médical, quelle joie de découvrir ce livre !

Je connais Virginie Loth depuis plus de 25 ans. J'apprécie son professionnalisme sans faille dans le domaine de la petite enfance, ainsi que sa sensibilité et son investissement dans un accueil de la vie tout en finesse, à l'écoute des besoins fondamentaux de l'enfant et de ses parents. J'ai retrouvé dans ce livre son âme de chercheuse, toujours en quête d'approfondir ses connaissances, de les confronter à sa grande expérience, d'aller aux sources des rituels ancestraux qui ont accompagné l'arrivée de la vie aux quatre coins du monde et d'enrichir son panel de propositions pour celles et ceux qui lui font confiance.

Médecin homéopathe depuis 25 ans, j'accompagne des personnes lors de la naissance d'une famille – de la grossesse à l'arrivée des enfants – et je donne souvent des conseils pour améliorer la qualité de vie et la santé à toutes les étapes, de la conception à l'enfance. Cela a été une immense joie de lire ce livre que je conseillerai dorénavant à toutes les familles. C'est une véritable mine d'or avec des conseils alimentaires, des recettes gourmandes pour tous les âges, des préparations d'huiles essentielles ou de fleurs de Bach, des apports sur les états psychiques traversés dans toute cette aventure qu'est l'accueil d'un petit être au sein d'une famille, des idées de soins favorisant le bien-être physique et psychique de la maman et du bébé, et des remèdes de grand-mère précieux qui ont traversé les âges.

Ce livre – à placer impérativement sur sa table de chevet – fourmille d'informations : soin rebozo, chant prénatal, *blessingway*, haptonomie, diversification menée par l'enfant, réflexes archaïques, choix des vêtements, des aliments et des produits d'hygiène, etc. De la conception à la première année de vie, aucun détail n'est oublié et vous pourrez puiser des idées médicalement valables, naturelles et originales.

Respecter l'équilibre de l'enfant grâce à la naturopathie est la préoccupation principale de Virginie Loth que je cite : « La santé est un éternel déséquilibre à rééquilibrer. À l'image du funambule, nous accompagnons nos enfants dans cet état afin de les maintenir au maximum dans cet équilibre qui leur permet de danser sur le fil de leur vie. »

Je souhaite vraiment que ce livre soit lu par les sages-femmes, les obstétricien·nes, les pédiatres, les généralistes, les psychologues, et qu'il soit plébiscité par ces intervenant·es qui œuvrent autour des « prémices de la vie », expression à laquelle Virginie tient beaucoup, afin que tous ces conseils inestimables arrivent entre les mains des familles qui se préparent à accueillir un enfant en leur sein. Virginie m'avait dit en me confiant son manuscrit : « Tu sais déjà tout ça, tu ne vas rien apprendre. » J'ai pourtant découvert plein de choses que je ne connaissais pas et j'en ai revisité plusieurs avec la profondeur, la poésie et la chaleur transmises par son autrice.

Que cette lecture vous enrichisse et consolide encore davantage le lien vous unissant à vos enfants, qui sont l'avenir de la planète.

Dre Ivana Franco, médecin homéopathe

Le mot de l'autrice

Avoir un projet de bébé, porter la vie et accompagner son enfant sur le chemin de l'existence est un processus profondément transformateur. Il n'existe pas d'école pour devenir parent. Chacun·e chemine avec son histoire, ses désirs et la conjugaison des deux pour créer une famille, la sienne, qui ne ressemblera à aucune autre.

Les émotions s'étalent, aussi nombreuses que les variations chromatiques sur une palette de peinture. Car la parentalité est une aventure haute en couleur ! Il existe parfois un décalage entre le suivi médical, performant, et la vie psychique de la future maman, qui suit un processus plus lent, parfois chamboulant, face à cette vie qui grandit en elle. Des questions se posent, des doutes s'immiscent et l'avenir est rempli d'incertitudes. Si l'enfant crée la mère, chaque grossesse est différente et une nouvelle mère naît à chaque naissance. Nous ne pouvons pas la connaître à l'avance. Mais il est urgent de protéger chaque mère afin qu'elle puisse tisser ce lien unique qui l'unit à son bébé.

J'aimerais que ce livre permette aux futures et nouvelles mamans de découvrir leurs forces, de développer leurs compétences et leur confiance en leur capacité à donner la vie et à guider leur enfant sur son chemin. Ce livre s'adresse également aux coparents sur les épaules desquels pèsent parfois des pressions sociales et familiales fortes. Je souhaite proposer des pistes de réflexion à partir de mon expérience, de ma pratique, et livrer des conseils naturopathiques concrets. C'est mon quotidien professionnel mis en mots et en forme, et je caresse le rêve qu'il puisse accompagner les parents qui recherchent une manière naturelle et respectueuse d'accueillir leur enfant et de le voir grandir harmonieusement. Je ne souhaite pas tant apporter des solutions toutes faites qu'inviter à la réflexion et à l'échange.

La grossesse ainsi que le quotidien avec un bébé, même s'il est attendu avec impatience, sont des expériences inédites. Ces deux périodes sont vastes et chacune pourrait faire l'objet d'un livre à elle seule. J'ai choisi d'aborder la naturopathie au prisme des questions et des préoccupations les plus fréquemment rencontrées dans ma pratique. Je souhaite vous offrir un vaste éventail de propositions à adapter à votre situation et des pistes de réflexion, afin que vous puissiez mettre en perspective votre santé et faire prendre un bon départ à celle de votre enfant. Mon souhait est que vous puissiez faire vos choix en conscience, en lien avec des modes de vie respectueux de l'humain, en respectant les besoins spécifiques des femmes et des bébés, et ceux de la planète. La naturopathie va dans ce sens.

Depuis plus de 25 ans, je me tiens aux côtés de familles sur le chemin de la parentalité. Mes quatre enfants m'ont fait naître mère, chacun·e à leur manière. J'ai vécu mes grossesses et mes accouchements comme des parcours initiatiques qui, chaque fois, ont enfanté une mère nouvelle.

Infirmière puéricultrice, j'accompagne les parents et les bébés. En effet, un bébé n'existe pas seul et les parents ont parfois besoin d'être confortés dans leurs compétences parentales et dans leurs choix. Faire aimer son enfant avant qu'il ne naisse et soutenir la création du lien mère-enfant, telle est ma mission depuis toutes ces années. J'ai découvert la psychophonie, les chants prénatal et postnatal ainsi que l'art-thérapie ; toutes sont des disciplines pour lesquelles j'ai obtenu une certification. Chemin faisant, j'ai ajouté plusieurs cordes à mon arc (massage de bébé, portage, etc.), toujours avec cette recherche perpétuelle de respecter la vie, la nature et de créer le lien mère-enfant(s).

Le miracle de la vie ne cesse de m'émerveiller. Je suis devenue doula-naturopathe dans l'idée d'aider les parents et leur(s) enfant(s), de manière personnalisée, à tisser le lien qui les unit, mais aussi à se connecter à eux-mêmes et à la nature.

1

La naturopathie, un art de vivre

Vous avez dit naturopathie ?

La naturopathie est une approche globale qui aide les personnes à retrouver naturellement le chemin de la santé en faisant appel à leurs forces naturelles de guérison. Elle comporte un volet important sur la prévention des maladies qui interroge la cause des maux. La naturopathie nous ramène vers des pratiques simples, pleines de bon sens, qui touchent tous les aspects de la vie, et nous invite à adopter un mode de vie plus naturel avec pour objectif de favoriser la santé.

La grossesse est souvent l'occasion de se questionner sur sa santé et de faire des choix qui s'accordent davantage avec une hygiène de vie plus naturelle, pour soi et le bébé à venir. La naturopathie entre tout à fait dans ce cadre-là. Les jeunes mamans que je rencontre sont toujours ravies de s'apercevoir qu'elles peuvent adopter des habitudes plus naturelles (et enthousiasmantes !) et en ressentir les bienfaits en toute sécurité.

Point important : la naturopathie complète une approche médicale ; en aucun cas, elle ne s'y substitue. La médecine conventionnelle peut s'enrichir de l'approche naturopathique et vice versa. Travailler en complémentarité est une grande richesse. Les femmes retrouvent ainsi une très précieuse autonomie à l'égard de leur santé. Mais en outre, il y a la nécessaire compréhension des besoins d'une mère et d'un bébé, dont il est urgent de prendre soin. Ce sont là des enjeux de société.

L'Organisation mondiale de la santé reconnaît la naturopathie comme une médecine complémentaire et la définit comme « [un] ensemble de méthodes de soins visant à renforcer les défenses de l'organisme par des moyens considérés comme naturels et biologiques ». Elle lui attribue par ailleurs la troisième place dans le classement des médecines traditionnelles mondiales, après les médecines traditionnelles chinoise et ayurvédique. Elle est enregistrée par le Bureau national du travail depuis 1968. En réalité, il s'agit d'une approche bien plus ancienne. Les travaux d'Hippocrate allaient déjà dans le sens de la naturopathie. Le terme, formé à partir des mots anglais nature et *path* (« chemin » en anglais), révèle son objectif : ouvrir la voie de la nature pour (re)trouver la santé et une vie harmonieuse.

Pour ma part, la naturopathie est une approche holistique qui prend en compte le corps, l'esprit, les émotions et les facteurs environnants[1]. C'est un art de vivre qui s'intéresse à toutes les dimensions de la personne : le physique, bien entendu, mais également l'émotionnel et le spirituel. Comme rien ne vaut la prévention, il convient de revenir aux fondements d'une vie saine en avançant doucement de la grossesse à la naissance, puis d'accompagner l'enfant qui grandit, le plus naturellement possible.

Cet ouvrage vous accompagnera dans le processus de la maternité et dans les premières années de vie de votre enfant, tel un guide restant à vos côtés tout au long de ce voyage inédit – et souvent initiatique – qu'est votre grossesse et votre post-partum. En effet, cette période de votre vie est un chemin et l'occasion de la repenser en lien avec celle que vous portez. La naissance d'un enfant a un triple effet puisqu'elle est étroitement liée à celle de parents. Cette période singulière dans une vie est très précieuse et a des conséquences sur la vie du bébé et de la famille. Il est important que vous soyez bien informé·e afin de faire des choix en conscience et de laisser éclore votre famille sereinement, à son rythme.

Important !

Ce livre ne se substitue pas à une consultation médicale. Les naturopathes ne posent pas de diagnostic, ne prescrivent pas de traitement et ne font pas d'ordonnance, mais vous accompagnent là où vous êtes, sur le sentier d'une meilleure connaissance de vous-même, en vous aidant à renouer avec la nature.

1 Approche holistique : prise en compte globale de la personne.

Les grands principes de la naturopathie

Les grands principes de la naturopathie sont basés sur les travaux d'Hippocrate (vers 460-377 av. J.-C.), considéré comme le fondateur de la médecine. Pour Hippocrate, il s'agissait de comprendre la cause de la maladie et non de s'attarder sur les symptômes. En effet, tant que ce qui l'a occasionnée demeure, la maladie s'incruste et peut continuer à évoluer.

Le travail des naturopathes est ainsi d'en comprendre la cause pour essayer de la supprimer. La naturopathie est liée aux différents cycles : ceux de la vie, des saisons, des émotions, des menstruations, etc. Elle permet un accompagnement global et respectueux de la personne.

Ce que j'aime particulièrement dans cette approche, c'est qu'elle offre à chacun·e la possibilité de trouver son chemin en lien avec l'essentiel, tout en étant acteur ou actrice de sa vie.

Les tempéraments naturopathiques

Hippocrate a identifié des tempéraments permettant de mettre en évidence l'humeur prédominante d'une personne ainsi que les maladies auxquelles elle sera vulnérable. Ces tempéraments sont élaborés à partir de l'étude des humeurs, c'est-à-dire des différents liquides circulant dans le corps (sang, lymphe, bile) et la maladie est considérée comme le résultat du déséquilibre de celles-ci. La compréhension des tempéraments permet aussi d'élaborer des stratégies et d'adopter une démarche pour les prévenir. Le travail des naturopathes consiste à accompagner la personne pour rééquilibrer les humeurs, et par conséquent le terrain personnel, en recherchant la cause des déséquilibres.

Les piliers de la naturopathie

Les grands principes de la naturopathie sont relativement simples. Hélas, le rythme effréné de notre quotidien nous éloigne de nous-même. Heureusement, il est toujours possible de revenir aux fondamentaux et de choisir de les replacer en douceur au cœur de notre existence. La naturopathie se base sur des piliers qui forment la base de notre santé : l'alimentation, le mouvement et l'exercice physique, la respiration, la gestion des émotions, le sommeil, l'hydratation. Ces piliers, bénéfiques à tout le monde, sont particulièrement importants pendant la grossesse, période idéale pour développer des habitudes de vie plus saines. C'est dans ces piliers que vous pourrez puiser les ressources nécessaires pour mettre en place de nouvelles routines qui vous apporteront l'énergie nécessaire pour prendre soin de votre bébé, de votre foyer et de vous-même.

L'alimentation

Nous sommes ce que nous mangeons. Cette affirmation est juste. On peut en effet constater les répercussions d'une nourriture trop raffinée, trop sucrée et/ou trop grasse sur la santé. De ce fait, afin d'optimiser les chances de cultiver une bonne santé, l'alimentation saine, vivante et, si possible, d'origine biologique ou raisonnée est un choix volontaire. Ce que vous mangerez durant votre grossesse sera d'autant plus important pour apporter au fœtus les nutriments dont il aura besoin au fil de sa croissance.

Le mouvement et l'exercice physique

L'observation d'un jeune enfant montre sa capacité à alterner de manière régulière mouvement et repos. L'oscillation entre les deux est un besoin universel. Le mouvement a de nombreux bienfaits : il apporte au corps l'énergie dont il a besoin, facilite le transit intestinal, permet la circulation des toxines et leur évacuation, soutient une activité cardio-vasculaire optimale, diminue le stress et favorise un sommeil réparateur.

Choisissez une activité physique adaptée qui vous plaît et vous procure de la joie. Vous vous sentirez beaucoup plus en forme si vous avez l'occasion de maintenir une activité physique douce tout au long de votre grossesse. Dans certains cas, elle pourra même participer à réguler la prise de poids. L'aquagym est une bonne solution, mais le yoga, certaines danses, la marche, le vélo ou encore le chant – qui mobilise tout le corps – conviennent tout autant ! Il existe une grande offre de préparations et de cours destinés aux femmes enceintes.

Les émotions

La grossesse s'accompagne de la sécrétion d'hormones dans lesquelles la future maman baigne et qui la conduisent souvent à ressentir de vives émotions, comme si elle était sur des montagnes russes. Les sautes d'humeur peuvent ainsi être fréquentes. Votre naturopathe pourra proposer d'accompagner ces émotions par un mélange personnalisé de fleurs de Bach (voir p. 37), de même que des exercices de respiration consciente, des relaxations-visualisations, de la sophrologie périnatale, qui aideront à mieux les vivre.

L'écriture, fréquemment utilisée en art-thérapie, est également un moyen de gérer ses émotions. Le mode de l'écriture automatique permet d'évacuer un certain nombre de ressentis et d'éprouver du bien-être à l'issue d'une séance. La régularité de cette pratique la rendra encore plus efficace. La tenue d'un journal de grossesse peut également être très positive. J'ai écrit un livre à ce sujet, qui permet un travail d'introspection au fil des mois[1].

Plus tard, accueillir les émotions de son enfant est aussi une démarche qui nécessite de la compréhension et de la patience. Mais c'est un apprentissage qui se fait au fil des ans. On apprend à se connaître et à mieux se comprendre.

La respiration

> *« La vie, dit-on, ne tient qu'à un fil. Peut-être devrait-on dire qu'elle ne tient qu'à un souffle. »*
> Nicole Bordeleau, maître yogi [2]

La respiration, c'est la vie. Pratiquer des exercices de respiration énergise le corps et régénère émotionnellement. Un bébé respire de façon paisible et efficace. Il fait des respirations complètes. Lorsque l'on observe un nourrisson respirer, on voit d'abord son abdomen se gonfler, puis sa cage thoracique et, pour finir, les espaces sous-claviculaires se remplissent. L'air prend le chemin inverse à l'expiration et le processus recommence. Regarder un bébé respirer est très apaisant.

Avec les aléas de la vie, le stress, les vêtements parfois trop serrés et mal adaptés, on perd cette capacité d'effectuer des cycles respiratoires complets et régénérants. Mais il est toujours possible de réapprendre à respirer de manière consciente. Cette pratique apporte de la détente et une oxygénation optimale. La grossesse offre l'occasion de se mettre au contact de la respiration par le biais de la préparation à l'accouchement, du yoga, de la sophrologie, de la méditation, du chant prénatal, entre autres.

1 *Le Journal créatif de ma grossesse : 50 activités pour prendre soin de soi et de son bébé*, Paris, Mango, 2018.
2 Citation extraite du site Internet de Nicole Bordeleau, que je vous invite à visiter : nicolebordeleau.com.

Le sommeil

Le sommeil est régénérateur. Il favorise la croissance de l'enfant et permet de redynamiser les fonctions cérébrales de tout le monde. Il soutient également le système immunitaire, consolide les apprentissages en favorisant les facultés de mémorisation à court et long termes, permet une meilleure gestion du stress et régule les sécrétions hormonales. Dormir est essentiel pour la santé. Or, bien souvent, nous manquons de sommeil et prenons des stimulants (du café, principalement). Combinés au stress, ces derniers épuisent les glandes surrénales, ce qui entraîne une perturbation sévère du système hormonal.

En début de grossesse, la femme enceinte ressent un besoin accru de sommeil. Il est donc important qu'elle s'octroie régulièrement des pauses et des siestes bienfaisantes. Pour en savoir plus sur le sommeil de bébé, voir p. 108 et 183.

Le saviez-vous ?

Prendre soin de soi, respecter la planète

La naturopathie est également une invitation à modifier nos habitudes de consommation pour protéger la planète. Il s'agit de prendre soin de son corps en choisissant des produits respectueux de la peau, du corps, mais aussi de la nature. De même que pour les produits ménagers, l'idée est d'en acheter moins et de les choisir avec plus de conscience. Vous trouverez des ressources sur Internet et des livres proposant des solutions très concrètes pour vous lancer dans l'aventure du zéro déchet.

L'hydratation

Boire de l'eau est indispensable au bon fonctionnement de l'organisme. Durant la grossesse, la production du liquide amniotique et l'augmentation du volume sanguin nécessitent une hydratation suffisante pour assurer le développement optimal du fœtus et son bien-être.

Aucun des piliers de la naturopathie n'est interchangeable.

Ce n'est pas en mangeant davantage que l'on comblera le manque de sommeil. Boire de l'eau et avoir une activité physique régulière ne permet pas non plus de faire l'impasse sur la gestion des émotions. Ils sont complémentaires. C'est pour cette raison que la santé et les émotions doivent être prises en compte.

Au fil des pages

Le livre est composé de plusieurs parties dans lesquelles vous trouverez des explications théoriques, des applications pratiques et des conseils de professionnels de la naissance, de la santé ou de la petite enfance. Au fil des chapitres, vous pourrez glaner astuces, recettes et recommandations pour prendre soin de vous, vivre pleinement votre maternité en empruntant un chemin parsemé d'enchantements et de beautés, et créer un lien indéfectible avec votre bébé et votre conjoint·e.

MA BOÎTE À OUTILS

Pour accompagner les femmes enceintes et les bébés, j'utilise les éléments suivants :

- fleurs de Bach ;
- réflexologie plantaire ;
- herboristerie traditionnelle ;
- sophrologie périnatale ;
- aromathérapie selon des recommandations précises ;
- massage de bébé pour faciliter la communication parents-enfant(s) ;
- chants prénatal et postnatal spécifiques à la femme enceinte (respiration, mouvement, détente, etc.) ;
- portage du bébé ;

Ces outils seront détaillés dans les pages suivantes pour illustrer mes propos ou feront l'objet d'une partie spécifique. D'autres naturopathes pourront proposer les pratiques et rituels suivants : shiatsu, yoga prénatal, acupuncture, kinésiologie, ostéopathie, massages pour femmes enceintes, soin rebozo (voir p. 40), haptonomie (voir p. 78). Les possibilités, nombreuses, permettent de proposer diverses approches pour s'adapter aux souhaits des futurs parents et aux besoins des enfants.

2

La grossesse

Au commencement naît un désir

Projet longuement mûri ou surprise de la vie, l'arrivée d'un enfant vient rencontrer le couple sur son chemin de vie. Désir fou ou peur panique, toute une palette d'émotions se déploie et divers sentiments se côtoient. Désirer un enfant ou/et devenir enceinte interrogent la place de chacun·e des membres de la famille. Votre partenaire et vous allez devenir parents. En tant que femme, vous allez, de manière symbolique ou très concrète, vous relier à toutes les femmes de votre lignée, qu'elles aient donné la vie ou non. Les histoires des unes et des autres, leurs peurs, leurs joies, et parfois leurs souffrances, peuvent resurgir et vous troubler. Ces craintes, véhiculées de génération en génération, peuvent induire des pensées limitantes et des croyances qui ne sont fondées sur aucun élément tangible. Il est souvent nécessaire d'effectuer un travail personnel et émotionnel pour apaiser la mémoire des femmes de la famille et vivre une grossesse sereine. À l'occasion de cercles de femmes ou de tentes rouges, ces questions peuvent être abordées pour leur permettre de cheminer en sécurité[1].

L'attente d'un enfant chamboule l'ordre établi pour vous inviter à l'aventure, celle d'accueillir un nouveau petit être dans votre vie. Avant de le tenir dans vos bras, vous le rêverez, l'imaginerez, lui parlerez, le sentirez. C'est de cette manière que le lien si précieux entre cet enfant et vous va se tisser. Votre conjoint·e aura peut-être besoin d'un peu plus de temps pour que cette réalité prenne forme. Les questions et les doutes sont néanmoins tout aussi présents, l'enthousiasme aussi. Encore une fois, la gamme des émotions peut être large.

Parfois, l'enfant tarde à venir. Le chemin se parsème de pierres et de crevasses ; il se fait aride. Le vide est douloureux et aucun mot ne suffit à le combler. Dans ces situations, un recours à d'autres praticien·nes peut dénouer les blocages. La naturopathie peut être combinée à l'ostéopathie et voir son action renforcée (voir page 22). Quel que soit le chemin que vous empruntez, je vous souhaite d'ouvrir les yeux sur les fleurs qui poussent parmi les pierres et de vous créer une parentalité à votre image.

1 Tente rouge : issue de traditions anciennes amérindiennes, la tente rouge est un lieu de transmission et de partage dans la vie des femmes, en toute sécurité et sans sujet tabou. La parole et la confidentialité sont respectées dans une confiance mutuelle. Les femmes y célèbrent les grands événements de leur vie de femme : puberté, grossesse, naissance, ménopause.

LE POINT DE VUE
DE L'OSTÉOPATHE

Quand l'ostéopathie lève les blocages, l'enfant peut s'annoncer

Carole Pendariès-Menard,
ostéopathe DO

Qu'est-ce que l'ostéopathie ?

D'après la publication, en septembre 2015, d'un document résultant d'un consensus européen entre les différentes nations ostéopathiques, elle est définie comme une « discipline de la santé de premier contact centrée sur le patient, qui met l'accent sur la relation entre les structures et les fonctions du corps, stimule la faculté naturelle du corps à s'autoguérir et favorise une approche globale de la personne pour tout ce qui concerne la santé et le développement de la bonne santé, principalement par le biais d'un traitement manuel[1] ».

1 *France Health Systems review*, vol. 12, n° 6, 2010 à consulter sur le site www.euro.who.int (https://www.euro.who.int/__data/assets/pdf_file/0008/135809/E94856.pdf)

Quels sont ses bienfaits sur les troubles de la fertilité ?

Quand le projet de grossesse émerge à la conscience, on ressent parfois un sentiment d'urgence. Pourtant, un grand nombre de couples ne parviennent pas à exaucer ce vœu dans des délais qu'ils considèrent comme « raisonnables ».

Avant même de prendre rendez-vous avec un spécialiste pour savoir s'il existe un problème de fertilité, une consultation chez un·e ostéopathe permet de lever les potentielles tensions responsables d'une perturbation du fonctionnement de l'appareil gynécologique (l'utérus, les ovaires, les trompes et l'ensemble des tissus autour : ligaments, muscles pelviens, structure osseuse du bassin et des hanches, système digestif). Ces blocages, qui sont la cause d'un manque de mobilité des structures, peuvent être liés à un traumatisme physique, même ancien (chute sur les fesses, accident de la route, cicatrices chirurgicales, etc.).

Le système nerveux central peut aussi être la cause du problème, la fertilité dépendant de l'hypophyse, une glande située sous l'hypothalamus, à la base du cerveau. Celle-ci joue un rôle primordial dans le cycle de reproduction puisqu'elle sécrète certaines hormones aux commandes de la fertilité à l'âge adulte.

L'équilibre du cycle hormonal de la femme peut également être fragilisé par un choc émotionnel. Dans ces cas précis, la prise en charge ostéopathique présente un véritable intérêt, car les problèmes de fertilité sont plus souvent mécaniques qu'organiques.

Tout débute par un frémissement…

« Une vie se construit doucement, je vais avoir un enfant. »
Fabienne Marsaudon, autrice-chanteuse-compositrice

Un frémissement : ainsi naissent les nouvelles histoires. Le test est positif, vous êtes enceinte ! Cet événement, que vous l'attendiez de longue date ou qu'il vous prenne au dépourvu, peut vous transporter de joie ou vous laisser dans le doute, la peur, le désarroi parfois.

Les sentiments qui vous animent peuvent se télescoper et vous embarquer à bord de montagnes russes émotionnelles. Beaucoup de femmes se sentent porteuses d'un secret, d'un grand mystère qui les dépassent. Vous portez la vie !

Certaines femmes discernent la présence douce de leur bébé dès qu'elles reçoivent la confirmation de leur grossesse, voire avant. D'autres ont besoin de plus de temps, de sentir l'enfant bouger pour être rassurées. D'autres encore paniquent, ne s'estimant pas prêtes face à cette grossesse qui les projette dans une réalité inquiétante. La peur de l'avenir, de ne pas être à la hauteur, de ne pas être capable d'élever un enfant… ces craintes sont légitimes et planent parfois dans l'air.

Toutes les réactions sont possibles et normales. Parfois, il est important de trouver un espace de parole pour venir déposer ses peurs et ses doutes.

ET LE COPARENT ?

Si dans certains cas, la future mère a conscientisé sa grossesse, pour le coparent cela peut davantage rester abstrait. De part et d'autre, des vagues émotionnelles peuvent survenir. Les émotions s'accompagnent du besoin de contrôler ce qui peut l'être – les visites médicales, l'aspect matériel, etc. – pour se sécuriser.

D'autres vivront dans leur propre corps des transformations physiques s'apparentant à celles de la future maman. Là encore, il est souvent nécessaire de trouver un espace de parole pour venir déposer les mots qui s'entassent et qui, s'ils ne s'expriment pas, peuvent créer des nœuds dans la relation.

Même s'il est vécu dans la joie, le temps de la grossesse est loin d'être un long fleuve tranquille, mais il se révèle également d'une grande richesse pour la vie de couple.

Faire des choix en conscience

La grossesse est l'occasion pour la future mère que vous êtes de vous replacer au cœur de votre vie et de faire de nouveaux choix, en conscience. Cette période est idéale pour reprendre le pouvoir sur votre corps, vous donner l'autorisation d'écouter votre voix intérieure, qui vous guide vers ce qui est bon pour vous. Elle vous offre l'opportunité de développer votre estime de soi ; elle vous donne confiance en votre capacité à mener à bien votre grossesse et à puiser dans vos ressources les forces nécessaires pour mettre au monde votre enfant.

Ces neuf mois sont le moment rêvé pour prendre soin de vous, adopter de nouvelles habitudes, remettre l'alimentation au centre de vos préoccupations, apprendre à vous relaxer, découvrir des techniques de préparation à la naissance, créer le lien avec votre enfant avant qu'il ne naisse et laisser jaillir votre parentalité.

Les besoins de la femme enceinte

Dès les premiers jours de la grossesse, l'organisme est soumis à des modifications physiques et psychologiques. Ses besoins évoluent et, qu'ils soient d'ordre physiologique (boire, manger, dormir, etc.) ou psychique, ils doivent être pris en compte. Il est nécessaire de trouver un juste équilibre entre donner et recevoir. Afin d'offrir à son bébé tout ce dont il a besoin, la future maman doit elle-même recevoir de la tendresse et de l'amour.

La grossesse permet également d'oser parler de ses besoins ; les exprimer clairement est la meilleure manière d'y répondre. Soyez à l'écoute de vous-même, de votre cœur, de votre corps. Faites ce qui vous rend heureuse, mangez ce qui vous fait envie, dormez quand le besoin s'en fait sentir, prenez l'air, bougez, marchez, nagez... Il n'est en rien égoïste que vous répondiez à vos besoins. Au contraire, vous faites preuve de respect envers vous-même, vous vous accordez avec ce que vous êtes et ce que vous voulez. Ce que vous êtes en train de faire est loin d'être anodin : vous « fabriquez » un enfant !

Le développement physiologique de la femme enceinte

Au cours du premier trimestre, l'embryon se nidifie et se développe dans la cavité utérine. Relié au placenta par le cordon ombilical, il baigne dans le liquide amniotique. À deux mois de grossesse, on parle de fœtus : le cœur et le tube neuronal – à partir duquel tout son système nerveux va se développer – se mettent en place. Puis, l'intestin primitif et les extrémités des membres se forment. À dix semaines, les organes internes sont tous formés. Le fœtus bouge, mais vous ne le sentez pas encore. Durant ce trimestre, certaines femmes présentent des nausées, une hypersensibilité aux odeurs, une irrépressible envie de dormir, une augmentation du volume des seins, qui sont gonflés et sensibles. C'est normal.

Au cours du deuxième trimestre, le ventre s'arrondit. Les organes abdominaux sont un peu compressés, ce qui peut provoquer une envie fréquente d'uriner ou de la constipation. Les mouvements du fœtus commencent à se faire sentir. Ses organes se développent et, à partir de 17 semaines, il perçoit les sons (borborygmes intestinaux, battements du cœur, respiration de sa mère), mais aussi sa voix et celle du coparent et de l'entourage.

Au cours du troisième trimestre, ses organes sont complètement formés, mais ils auront encore besoin de temps pour parvenir à maturation. Ils finiront leur développement après la naissance. Le fœtus, qui dort beaucoup, a de moins en moins de place pour bouger. Il poursuit sa croissance pondérale doucement. À cette période, certaines mamans ont hâte de voir enfin leur bébé. D'autres souhaitent prolonger cet état dans lequel elles se sentent épanouies et sereines, sans impatience. Ce qui importe le plus, c'est de prendre le temps de se poser, de prendre soin de soi et de préparer l'après-naissance en se libérant le plus possible des besoins matériels.

Un mot sur...
LA FAUSSE COUCHE

Au cours de leur vie, 25 % des femmes connaissent au moins une fausse couche.
Cet événement peut être vécu avec beaucoup de tristesse et ne doit en aucun cas être banalisé par l'entourage. Il demande souvent d'entamer un réel travail de deuil.
Il est donc important de partager cette expérience avec des personnes bienveillantes et de se faire accompagner par des professionnels pour poser des actes concrets qui marquent l'existence de cette petite vie, aussi courte soit-elle.

LE POINT DE VUE DE LA SAGE-FEMME

La grossesse, mois après mois

Laura Mbaye-Hohenegger, sage-femme libérale

Quelquefois, la grossesse survient par surprise, plus tôt qu'on ne l'imaginait ou plus tard qu'on ne le souhaitait. Parfois aussi, elle se présente exactement au moment où les deux partenaires sont prêt·es à accueillir un enfant.

La période préconceptionnelle, qui peut durer de quelques jours à plusieurs années, peut être vécue de manière intense et/ou douloureuse par le couple, qui se projette dans cette nouvelle vie avec bébé en en ayant une représentation personnelle, forgée par sa propre histoire. Par exemple, la future maman peut s'être déjà demandé si elle allait allaiter ou donner le biberon, ou si elle préférerait accoucher dans un endroit médicalisé ou non.

Cette période s'accompagne inévitablement de grands changements dans les habitudes quotidiennes – alimentation, rythme de vie, arrêt de la cigarette, etc.

Premier trimestre

On retrouve dans de nombreuses cultures une sorte de superstition à annoncer trop tôt la grossesse. Elle s'exprime par un secret que conserve précieusement le couple jusqu'à ce que la menace d'une fausse couche se soit éloignée, c'est-à-dire à l'issue du premier trimestre. Il n'y a aucun mal à garder la bonne nouvelle pour soi, comme un moment magique à partager intimement avec la ou le conjoint·e.

Dans nos sociétés occidentales, les femmes travaillent et passent du temps dans les transports. Pour beaucoup, le rythme qu'impose le travail peut devenir incompatible avec une grossesse. Au bureau, si vos conditions de travail ne sont pas adaptées à votre état de grossesse, parlez-en à votre employeur ; la loi est de votre côté. Vous vivez un moment sacré : apprenez à vous écouter. Cette grossesse est votre priorité.

Selon l'endroit où vous habitez, le projet de naissance et les options proposées, en maison de naissance ou en clinique privée notamment, vous devrez parfois vous y prendre assez tôt pour choisir votre lieu d'accouchement et être sûre qu'un créneau sera disponible (en général, dès la fin de votre troisième mois de grossesse). Si vous optez pour un accouchement à domicile, en maison de naissance ou en plateau technique, il vous faudra contacter les sages-femmes (ou doulas, voir p. 76 et 90) qui vous accompagneront, dès le premier trimestre[1]. L'accouchement dans un hôpital public reste la démarche majoritaire et l'inscription se fait généralement plus tard.

Deuxième trimestre

Votre ventre s'arrondit fièrement et vous avez annoncé la bonne nouvelle à votre entourage. Le deuxième trimestre est souvent vécu avec davantage de sérénité. Les futurs parents se projettent plus facilement et envisagent le jour de la naissance et les premiers moments avec bébé. Même s'ils y avaient déjà timidement réfléchi, la majeure partie de la préparation s'effectue au cours de ce trimestre : le moment est venu de prendre du temps pour s'informer (en lisant des guides spécialisés), de rencontrer les sages-femmes ou les doulas et de partager avec d'autres mamans.

Je vous encourage à vous informer sur ce processus naturel, à affiner votre projet de naissance, à cultiver votre confiance en vous et à profiter de cette période sacrée pour vous familiariser avec des approches qui vous serviront toute votre vie, comme la méditation de pleine conscience, la sophrologie, le yoga, la respiration, etc.

Troisième trimestre

Le grand jour arrive et, au fil des jours, vous allez sécréter de plus en plus d'ocytocine, indispensable au bon déroulement de la naissance. Pour favoriser la production de cette hormone, vous devez vous sentir entourée, soutenue, aimée.

Le stress est à bannir. Préparez votre cocon et n'oubliez pas que votre bébé n'aura pas besoin de grand-chose à la naissance : tout simplement de parents disponibles, de la chaleur de vos corps, de temps, de lait (idéalement celui de sa mère).

1 Certaines maternités mettent à disposition des sages-femmes libérales les salles de naissance afin qu'elles puissent accompagner, le jour de l'accouchement, les femmes qu'elles ont suivies en prénatal.

Le passage psychique

La grossesse est à l'origine d'un changement de statut. La femme devient mère, transformation psychique qui apporte son lot de questions au sein du couple. Ici, on ne parle pas de l'envie ou non d'être enceinte, d'attendre un enfant, ce changement est d'un tout autre genre : il s'agit de « retraverser » sa vie et son enfance, de considérer les options éducatives familiales et de se positionner pour faire de bons choix. Il importe également de composer avec l'histoire du coparent pour trouver un terrain d'entente entre les différentes options.

Ces transformations psychiques sont généralement assez déconcertantes, tant pour la future mère que pour le coparent. Elles peuvent être ponctuées par des rêves perturbants, des émotions en dents de scie, une sensibilité à fleur de peau, qui laissent entrevoir une grande vulnérabilité. Cette période s'accompagne aussi souvent de craintes, pour soi-même et pour le bébé : celle de l'accouchement, celle de ne pas être une bonne mère ou encore celle d'avoir fait le mauvais choix.

Souvent, tout se mélange « joyeusement », créant un malaise indéfini mais bien présent et épuisant. Il est tout à fait normal de ressentir cette gamme d'émotions. Parfois, il est utile de participer à des espaces d'échanges et d'écoute où chacun·e peut s'exprimer en toute liberté. Une doula (voir p. 90) pourra accompagner et accueillir ces vagues de sentiments qui vous submergent. Des lieux d'accueil parents-enfants, des groupes de parents ou des cercles de femmes offrent également un espace d'écoute privilégié.

Renseignez-vous près de chez vous, ne restez pas seule avec vos malaises émotionnels. Vous pouvez également puiser dans vos ressources personnelles grâce à la méditation, à la relaxation, au yoga, en vous ressourçant au contact de la nature, en écrivant dans un journal… Offrez-vous du temps pour pratiquer ce qui vous fait du bien.

Accompagner les maux de la grossesse

Les maux de la grossesse ne sont pas systématiques. En revanche, quand ils se présentent, ils peuvent être gênants au quotidien. Découvrez dans les pages qui suivent les solutions pour y remédier le plus naturellement et le plus simplement possible.

Les problèmes digestifs

Les nausées matinales

Si les nausées touchent les femmes enceintes assez fréquemment, elles ne sont pas une fatalité. Le stress, la fatigue et l'hypoglycémie sont autant de facteurs qui les majorent. Le repos peut notamment soulager et améliorer les nausées du premier trimestre – elles peuvent durer plus longtemps mais s'arrêtent en général à la fin du premier trimestre.

Pour les vivre au mieux, adoptez ces quelques conseils alimentaires :

- Avant de vous lever, buvez une tisane au miel non pasteurisé que vous aurez préparée la veille (dans une bouteille isotherme). Accompagnez-la d'une biscotte ou d'un fruit, que vous aurez posé sur votre table de chevet. Évitez de rester l'estomac vide et prévoyez des encas non sucrés pour prévenir l'hypoglycémie. Vous trouverez en fin d'ouvrage (voir p. 128) des propositions de collations faciles à réaliser. Si vous le supportez, le gingembre frais râpé dans de l'eau chaude avec le jus d'un demi-citron peut faire des merveilles. Vous pouvez également le mélanger à un jus carotte-orange… une fois de plus, si vous le supportez. Une autre solution consiste à congeler une infusion de gingembre en la versant dans un bac à glaçons. Il vous suffit alors d'en sucer un dès que les nausées font leur apparition. Pendant la grossesse, préférez le gingembre frais.
- Mélangez 25 cl d'eau de coco avec 5 ml de jus de citron. Buvez quelques gorgées de cette boisson tous les quarts d'heure. Elle sera encore plus efficace si vous y ajoutez du gingembre frais râpé.
- Évitez de boire durant les repas et privilégiez les petites quantités de liquide pour ne pas diluer les sucs digestifs – et donc rendre la digestion plus difficile. Parfois, l'eau fraîche ne passe pas bien et reste sur l'estomac, comme un poids. Mieux vaut boire de l'eau tiède.
- Vous pouvez également opter pour un jus de citron fraîchement pressé. Ajoutez-y de l'eau chaude – mais pas bouillante – et 1 cuillerée à café de miel non pasteurisé. Dégustez à petites gorgées : vous en ressentirez un réel bien-être.
- Prendre l'air peut vous aider à dissiper les nausées matinales.

Si les nausées sont invalidantes et s'accompagnent d'une perte de poids, il est important de consulter un médecin.

Les ballonnements

Certaines femmes enceintes peuvent être sujettes à des ballonnements douloureux et souvent inconfortables. Si c'est votre cas, le charbon noir sera une aide bienvenue. Idéalement, prenez quelques respirations profondes pour vous détendre avant de passer à table, comme pour marquer une transition entre vos activités et le temps du repas. Évitez de consommer des produits raffinés et sucrés, qui favorisent la production de gaz. Mangez calmement, en prenant le temps de bien mastiquer. La qualité de l'ambiance des repas est en effet aussi importante que le contenu de l'assiette.

La constipation

Si votre transit est ralenti durant votre grossesse, voici comment prévenir et traiter la constipation :

- Augmentez votre ration quotidienne de liquide. Buvez au minimum 1,5 l par jour, de préférence entre les repas, car c'est le gros intestin qui se charge de réabsorber l'eau et boire crée une stimulation, en augmentant le volume des selles.
- Ajoutez des aliments contenant des fibres à tous vos repas (fruits, légumes, légumineuses et céréales complètes avec leur enveloppe) afin de créer un ballast[1] qui facilite le transit intestinal.
- Préférez un repas léger le soir.
- Évitez, si vous le pouvez, l'utilisation des laxatifs chimiques, qui agressent la muqueuse intestinale. Préférez trois pruneaux ou figues, que vous aurez fait tremper la veille. En dernier recours, employez un suppositoire à la glycérine, pour lubrifier les selles.

Le mouvement favorise également la bonne santé digestive et la santé en général. Bougez, sortez, choisissez une activité physique douce qui vous plaît et pratiquez-la régulièrement.

1 Ballast : succession de contractions et relâchement des muscles intestinaux qui permet la progression du contenu de l'intestin.

Astuce naturo

Les hydrolats

Les hydrolats peuvent aussi être une solution douce et efficace pour lutter contre les nausées matinales.

Dans un flacon propre, mélangez 50 ml d'hydrolat de basilic doux à linalol et 50 ml d'hydrolat de fleur d'oranger. Avalez une cuillerée à café de cette synergie trois fois par jour avant les repas en cas de nausées matinales importantes. Si nécessaire, prenez la première cuillerée avant le lever.

Voir aussi les fleurs de Bach (*Crab apple*) p. 38.

Pensez-y !
Le psyllium

Le psyllium, une espèce de plantain, existe sous forme de graines entières ou moulues, et peut être blond ou noir. Préférez le psyllium blond moulu, plus facile d'usage : il suffit de le mélanger à de l'eau et d'attendre quelques minutes avant de le boire. Pour lutter contre la constipation, préparez 1 cuillerée à café de graines de psyllium dans 15 cl d'eau. Laissez-les tremper toute la nuit et buvez le mélange le matin à jeun. Les graines ainsi trempées forment une sorte de gel (un mucilage) qui, en gonflant dans les intestins, favorise le péristaltisme intestinal[1], stimule et régule le transit, et permet ainsi de lutter contre la constipation. Riches en prébiotiques, les graines de psyllium entretiennent également la flore du côlon.

1 Péristaltisme intestinal : contractions de l'intestin.

Le reflux gastrique

La grossesse peut être accompagnée de reflux acides qui provoquent des brûlures. Pour apaiser ces dernières, la guimauve est une plante de choix, une grande alliée pleine de douceur. Émolliente, elle diminue l'inflammation, humidifie et apaise les muqueuses irritées. Vous pouvez mâcher une racine de guimauve, dont les propriétés agiront comme un pansement sur la muqueuse œsophagienne. Autre option : la faire tremper une nuit dans de l'eau ou réaliser une décoction à chaud pendant 15 minutes. Cette boisson calmera la douleur.

Les envies, les aversions

Les envies et dégoûts sont à prendre au sérieux. Pourquoi ? Parce qu'ils sont le signe que vos besoins alimentaires sont en train de changer. Une fringale de chocolat peut, par exemple, indiquer une carence en magnésium. Le chocolat pourra être aisément remplacé par des oléagineux ou une poignée d'amandes. Une autre manière de lutter contre ces folles envies de sucre ou de chocolat est de boire de la tisane d'ortie ! Reminéralisante, elle vous apportera les minéraux dont vous avez besoin, de manière naturelle. La fameuse envie de fraises correspond à un besoin accru en vitamine C. La future maman pourra manger des fruits de saison (de préférence crus, car la vitamine est très sensible à la cuisson, qui la détruit en majeure partie), des crudités et boire des jus de fruits fraîchement pressés. La baie d'argousier est une source très intéressante de vitamine C. Elle contient par ailleurs toutes les vitamines (sauf la D), des minéraux et des oligoéléments. Les envies et dégoûts sont aussi l'occasion de revoir son alimentation, de faire un point pour connaître les aliments qui conviennent et ceux qu'il vaut mieux laisser de côté pour le moment – notamment ceux qui sont fortement déconseillés pendant cette période.

Les tensions mammaires

Les tensions mammaires sont normales, mais souvent désagréables, voire douloureuses. Pour éviter de vous sentir à l'étroit, vous serez probablement amenée à changer de soutien-gorge. Choisissez-les en matière naturelle (coton ou bambou), ce qui permettra à votre peau de respirer, et veillez à ce qu'ils soient suffisamment confortables pour que vous vous sentiez plus à l'aise dans votre corps. D'une manière générale, évitez si possible les sous-vêtements avec armatures, car ils empêchent la libre circulation de la lymphe. Il s'agit également d'une sage prévention contre le cancer du sein.

L'hypersensibilité au parfum

Ce signe assez caractéristique est présent chez de nombreuses femmes enceintes. Si c'est votre cas, profitez-en pour vous renseigner sur la composition des produits de soin que vous utilisez. Choisissez les moins transformés possible, sans parfum, dépourvus de perturbateurs endocriniens, notamment de xéno-œstrogènes.

Le saviez-vous ?
Les xéno-œstrogènes

Présentes dans un grand nombre de produits d'utilisation courante (savons, parfums, cosmétiques, produits synthétiques, additifs alimentaires, eaux en bouteille, etc.), ces substances miment les fonctions œstrogéniques – on les dit souvent *œstrogen-like* – provoquant une hyperœstrogénie. Les xéno-œstrogènes ont des répercussions sur la fertilité, le développement embryonnaire et fœtal et provoquent des fausses couches à répétition. S'ils sont impossibles à supprimer totalement, on peut en éviter l'exposition. Comment faire ? En limitant sa consommation de viande, en privilégiant une alimentation bio et locale, en préférant les contenants en verre ou encore en fabriquant soi-même ses cosmétiques et produits ménagers.

Un besoin accru de sommeil

Les premiers mois de grossesse invitent la femme enceinte à prendre du repos, à la fois pour satisfaire son besoin de récupérer et de se sentir mieux, et pour favoriser le développement harmonieux de l'embryon. Le besoin de sommeil est souvent important avec une irrépressible envie de dormir n'importe où, n'importe quand.

Soucis et anxiété

Chahutée par le bain hormonal du début de grossesse, vous pouvez ne pas vous reconnaître. La raison : les intenses réactions émotionnelles que vous manifestez. Votre conjoint·e non plus ne vous reconnaîtra peut-être plus et, par moments, vos relations pourraient être un peu tendues. La solution : un mélange de fleurs de Bach, qui accompagnera ces pics émotionnels en douceur (voir p. 37). Une consultation personnalisée définira les causes de ces soucis et votre naturopathe vous proposera un mélange spécifique. Souvent, il s'agit de peurs en lien avec le vécu, d'une peur de l'accouchement ou de perdre le bébé, de celle de se retrouver face à de nouvelles responsabilités, des soucis matériels, etc. Certaines huiles essentielles (HE) peuvent aussi vous aider à apaiser vos angoisses et à renouer avec le bien-être.

Trois huiles essentielles antistress :

HE de lavande fine

Lavandula angustifolia

Son odeur fleurie nous transporte dans le sud de la France, les champs de lavande en fleurs, le soleil, l'été. Grâce à ses propriétés calmantes, elle équilibre le système nerveux. Elle est donc parfaite pour apaiser les personnes hypersensibles et hyperémotives.
Quand l'angoisse est là, on peut en verser deux gouttes dans une cuillerée à café d'huile végétale et l'appliquer en massage circulaire sur le plexus solaire ou la respirer profondément à même le flacon.

⚠ Attention !
À n'utiliser qu'après le troisième mois de grossesse.

HE de mandarine jaune

Citrus reticulata blanco

L'essence de mandarine apporte de la joie, comme un soleil les jours d'hiver, un rappel des fragrances enfantines, un peu comme une madeleine de Proust. Elle adoucit la colère et les irritations.
Pour favoriser le sommeil, déposez une ou deux gouttes de mandarine (ou de lavande) sur un mouchoir en tissu ou sur votre oreiller avant d'aller vous coucher. Vous pouvez également appliquer une goutte sur vos poignets et masser, ou encore fabriquer une brume d'oreiller (voir encadré).

HE de petit grain bigarade (ou orange amère)

Citrus aurantium

Cette huile essentielle aux propriétés relaxantes et déstressantes diffuse le bien-être, apaise, rassure et protège. Elle aide à surmonter certains troubles affectifs et soutient le psychisme en cas de déprime. C'est une huile qui apporte de la joie ! Respirez-la à l'aide d'un stick inhalateur dans lequel vous aurez versé 3 gouttes ou en diffusion 15 minutes 3 fois par jour. Aérez régulièrement votre logement pour assainir l'air.

Faites-le vous-même

Brume sans alcool

Dans un flacon pulvérisateur de 30 ml, mélangez les ingrédients suivants :

- 15 ml d'hydrolat de fleur d'oranger (qui calme et facilite le sommeil) ;
- 15 ml d'hydrolat de rose (pour la douceur et la féminité) ;
- 5 gouttes d'huile essentielle de lavande fine (qui apaise, relaxe et régule le système nerveux) ;
- 5 gouttes d'huile essentielle de mandarine jaune (puissant calmant et relaxant qui agit contre le stress et les angoisses) ;
- 3 gouttes d'extrait de pépins de pamplemousse pour la conservation.

À pulvériser sur l'oreiller avant le coucher.

ZOOM

Les fleurs de Bach en attendant bébé

Il existe au total 38 élixirs floraux. Ces quintessences sont chacune associée à un état émotionnel qui affecte la santé de manière passagère ou régulière. Leur rôle : rétablir l'harmonie et l'équilibre, en transformant positivement ces émotions négatives.

Le Dr Edward Bach, qui les a mises au point dans les années 1930, a identifié sept catégories d'états émotionnels, qui réunissent plusieurs fleurs spécifiques :

- peurs et insécurités ;
- doutes et incertitudes ;
- manque d'intérêt pour le présent ;
- solitude ;
- hypersensibilité ;
- découragement et désespoir ;
- souci excessif du bien-être d'autrui.

Le Dr Bach constate que lorsque nous nous éloignons de notre nature profonde, nous sommes submergés par des émotions fortes. En prendre conscience et rééquilibrer ces émotions nous permet de retrouver notre paix intérieure. Les élixirs floraux sont totalement sûrs ; ils ne présentent aucun danger et conviennent à tous les âges et à toutes les étapes de la vie.

Il existe d'autres élixirs, dit contemporains, élaborés par d'autres laboratoires, qui complètent la palette des originaux du Dr Bach. C'est de ces derniers que je parlerai principalement ici. Ces quintessences peuvent être utilisées à n'importe quel moment, lorsque vous ressentez ces émotions. Il s'agit d'un travail subtil et énergétique, mais ô combien précieux.

Il est important de prendre en compte les effets du stress et de la peur qui accablent souvent la future maman et peuvent avoir des répercussions sur le bébé. Les quintessences du Dr Bach permettent de soutenir ces périodes intenses émotionnellement, de vivre une grossesse épanouie et détendue et d'offrir au bébé une période intra-utérine sereine pour qu'il aborde la vie en douceur.

Les fleurs de Bach sont à prendre par voie orale, à raison de deux gouttes dans un demi-verre d'eau ou directement dans la bouche. Vous pouvez créer une synergie comprenant jusqu'à sept élixirs. Dans ce cas, versez 2 gouttes de chaque fleur dans un flacon de 30 ml, complétez avec de l'eau minérale et mélangez. Prenez quatre gouttes par jour. N'hésitez pas à demander conseil à votre naturopathe, qui pourra définir avec vous votre bilan émotionnel.

Ci-dessous quelques exemples de quintessences qui vous seront d'une grande aide pendant votre grossesse. Classées par ordre alphabétique, elles portent le nom du produit et, entre parenthèses, la fleur, la plante ou l'arbre à partir desquels elles sont préparées.

Aspen
(tremble)
Cette quintessence est idéale si vous êtes assaillie par des appréhensions et un sentiment d'inquiétude global, sans qu'une peur ne soit clairement identifiée.

Cherry plum
(prunier myrobolan)
Si vous avez l'impression que vous perdez le contrôle de vos actes, paroles et pensées, cet élixir est fait pour vous.

Clematis
(clématite)
Avez-vous tendance à vous réfugier dans vos rêveries pour ne pas affronter le réel ? Cet élixir vous aidera à ramener vos pensées dans le présent.

Crab apple
(pommier sauvage)
Votre meilleur allié contre les nausées du premier trimestre. Cette fleur vous aidera également à accepter votre corps si vous avez du mal à intégrer les changements physiques ou si vous éprouvez de la gêne ou de la honte.

Elm
(orme)
Un élixir qui vous soutiendra si vous vous sentez submergée par les responsabilités qui se profilent ou si vous doutez de votre capacité à les assumer, alors qu'habituellement vous êtes plutôt sereine et confiante. Il peut aussi être pris par le coparent si la peur de ne pas faire face à la situation est partagée.

Hornbeam
(charme)
Cette fleur agira contre la fatigue et vous aidera à surmonter le découragement qui vous freine dans les tâches que vous avez à accomplir. Il jouera le rôle d'un booster doux dans votre quotidien.

Impatiens
(impatiente)
Un élixir qui porte bien son nom ! Si vous n'arrivez plus à vivre le moment présent parce que vous avez du mal à tenir en place, que vous vous sentez à cran parce que les choses ne vont pas assez vite à votre goût ou que vous attendez, avec une impatience fébrile, de tenir le bébé dans vos bras, celui-ci vous sera bénéfique.

Mimulus
(mimule)
Vous êtes inquiète pour le déroulé de la grossesse ou pour le bon développement de votre bébé ? Cette fleur vous aidera à retrouver paix et confiance.

Mustard

(moutarde)

Cette petite fleur de moutarde vous sera très utile si vous ressentez une soudaine baisse de moral, comme un voile noir qui vient brusquement assombrir votre état d'esprit. Vous devriez vous réjouir, mais vous n'y parvenez pas sans savoir pourquoi ? Cet élixir vous apportera le réconfort dont vous avez besoin.

Olive

(olivier)

Cet élixir atténuera votre fatigue.

Red chestnut

(marronnier rouge)

Vous êtes très inquiète pour vos enfants, votre conjoint·e, le bébé à naître. Cette peur vous angoisse tellement que vous vous limitez dans vos déplacements et que vous avez tendance à surprotéger les personnes que vous aimez. Vous retrouverez votre sérénité avec cette fleur.

Rescue

(mélange de cinq fleurs)

Cette quintessence peut participer à mieux vivre les aversions pour certains aliments ou pour certaines odeurs.
Elle vous accompagnera également pendant l'accouchement en vous aidant à vous laisser aller et à ne pas lutter contre les contractions.

Rock rose

(hélianthème)

Des pensées terrifiantes vous paralysent et vous empêchent d'avancer sereinement ? Venez-en à bout grâce à cet élixir.

Star of Bethlehem

(étoile de Bethléem)

Cette fleur est idéale si la révélation de votre grossesse a été pour vous un choc qui s'apparente à un traumatisme.

Walnut

(noyer)

Un élixir de l'adaptation au changement qui accompagnera les modifications corporelles et psychiques auxquelles votre organisme doit faire face de manière intensive. Il peut être donné à toute la famille pour l'aider à bien vivre l'arrivée de bébé et pour que chacun·e trouve sa place.

White chestnut

(marronnier blanc)

Des pensées qui tournent en rond comme un hamster dans sa roue ? Cette quintessence vient apaiser l'esprit, chasser les ruminations et installer la paix.

À noter !

Vous pouvez prendre les fleurs séparément ou en combiner jusqu'à sept différentes dans un flacon. Le plus simple est toutefois de faire appel à un laboratoire spécialisé, comme le laboratoire Deva par exemple, qui vous prépare les mélanges, avec ou sans alcool et vous les expédie directement chez vous (comme par exemple www.deva-lesemotions.com).

Les douleurs ligamentaires et le mal de dos

Fréquentes, les douleurs ligamentaires sont provoquées par le poids du bébé (compression dans le bassin due au poids du bébé, par exemple) et les modifications physiques inhérentes à la grossesse (prise de poids, accentuation de la cambrure lombaire, etc.). Antalgique et décontracturante, l'huile essentielle d'eucalyptus citronné sera d'un grand soulagement.

Diluez-en deux gouttes dans une cuillerée à soupe d'huile à l'arnica, puis massez la zone douloureuse deux fois par jour. Pour les douleurs dorsales, il est recommandé de maintenir le dos au chaud. Une petite bouillotte calée au niveau des lombaires pourra renforcer l'effet du massage et celui de l'huile essentielle. Vous pouvez également envelopper votre bassin dans un châle de laine ou un rebozo. Soutenir votre ventre avec un rebozo (voir ci-dessous) ou une ceinture de grossesse permet aussi de diminuer un peu les tensions ligamentaires dues au poids du bébé.

Quèsaco ? Le rebozo

Le rebozo est un grand châle en laine ou en coton, qui vient du Mexique. À l'occasion de leurs premières règles, les jeunes filles reçoivent ce châle qui les accompagnera toute leur vie (voir p. 96 et 126).

Elles s'en envelopperont le ventre lors de leurs menstruations pour le garder au chaud, pendant leur grossesse pour le soutenir et après la naissance pour resserrer le bassin.

Le rebozo permet non seulement de porter le bébé sur la hanche, mais il offre également une protection contre le froid et les intempéries. Il est utilisé pour des soins rituels aux moments importants de la vie : avant ou après une naissance, pendant un deuil, à l'arrivée de la ménopause.

LE POINT DE VUE DE L'OSTÉOPATHE

Un suivi pendant la grossesse

Carole Pendariès-Menard, ostéopathe DO

La grossesse est un bouleversement pour la future mère. Favoriser la physiologie, c'est-à-dire le bon déroulement de la grossesse, tout en apportant du confort à la maman en devenir est le principal but de l'ostéopathie. Assurer le suivi de la grossesse est la mission de l'ostéopathe, que ce soit pour des troubles liés à l'évolution de la posture et de la structure (sciatiques, douleurs ligamentaires, lombalgies diverses, etc.) ou pour des inconforts dus à l'encombrement de l'enfant à naître (remontées acides, constipation, troubles circulatoires, etc.).

La prise en charge doit être rigoureuse et minutieuse, afin de ne faire prendre aucun risque à la mère et au bébé. L'objectif est bien évidemment la préparation à l'accouchement, qui se déroulera de manière d'autant plus favorable que les structures nécessaires à son déroulement (bassin, lombaires, périnée, ligaments) seront libres et mobiles. D'autre part, l'Organisation mondiale pour la santé préconise une prise en charge non médicamenteuse en première intention, ce qui est totalement dans l'esprit de l'ostéopathie.

Les crampes musculaires

Les crampes musculaires peuvent être extrêmement douloureuses. Ces contractions involontaires et soudaines apparaissent le plus souvent après quatre mois de grossesse. Elles sont dues à une carence en magnésium ou en potassium, mais également à une mauvaise circulation sanguine et à la pression qu'exerce l'utérus sur les vaisseaux pelviens. Les crampes se manifestent fréquemment la nuit, au repos, et obligent à se masser la zone contractée ou à se lever pour détendre le muscle. Des exercices d'étirements pourront être bénéfiques ainsi que l'application de froid. Un massage avec une huile à l'arnica ou à la lavande (voir encadré) sera également d'une grande aide pour soulager localement le muscle concerné.

Faites-le vous-même

Huile de massage à la lavande

Dans un flacon à pipette de 50 ml, versez l'huile végétale de votre choix et de 10 à 15 gouttes d'huile essentielle de lavande fine. Remuez. Déposez entre 5 et 10 gouttes dans le creux de votre main, puis massez-vous. Choisissez une huile vierge d'origine biologique, comme celle de jojoba, qui pénètre bien et a une texture assez légère, ou d'amande douce (voir conseils p. 47 pour faire votre choix).

Les jambes lourdes

Le mélange miracle ? Celui composé par les huiles essentielles d'hélichryse, qui stimule la circulation sanguine, et de citron, qui rafraîchit et délasse. Diluez deux gouttes de chacune des huiles dans une belle cuillerée à soupe d'huile de calophylle. Appliquez en massage des pieds vers les hanches, deux fois par jour durant les périodes sensibles. Autre solution : surélever vos jambes contre un mur ou un canapé pour favoriser le retour veineux et diminuer la sensation de lourdeur.

Tipps pour soulager les crampes

Un pain de savon de Marseille placé au fond du lit pourrait diminuer la survenue de crampes nocturnes.

Un bain de pieds pourra aussi vous faire du bien. Trempez les pieds dans une bassine d'eau tiède, dans laquelle vous aurez dilué une poignée de gros sel ou de sel d'Epsom[1]. Ajoutez deux gouttes d'huile essentielle de géranium rosat et deux gouttes d'huile essentielle de lavande fine.

Côté alimentation : on agit sur la carence en magnésium en mangeant quotidiennement des amandes mondées, des noix et une grande quantité de légumes verts, ainsi qu'en buvant une eau riche en magnésium ou de la tisane d'ortie.

Astuce : vous pouvez aussi parsemer vos plats de poudre d'ortie ! Un complément de magnésium vous sera peut-être proposé par votre sage-femme ou votre gynécologue. Préférez les formes chélatées – citrate, malate et fumarate de magnésium – et évitez l'oxyde et l'aspartate de magnésium dont la biodisponibilité[2] est moindre.

Le sel d'Epsom, ou sulfate de magnésium, contribue à réduire le stress et les douleurs musculaires et articulaires. Il a également une action anti-inflammatoire. En outre, les huiles essentielles n'étant pas miscibles dans l'eau, l'ajout de gros sel ou de sel d'Epsom permet de les y solubiliser.

Œdèmes et rétention d'eau

Les œdèmes, gênants au quotidien, sont dus aux modifications hormonales et à un retour veineux moins efficace.

Essayez les astuces suivantes pour soulager ces désagréments :

- Surélevez régulièrement vos jambes.
- Appliquez de l'eau fraîche sur vos jambes avec la douchette, dans le sens du retour veineux, vers le cœur.
- Dans un vaporisateur, versez de l'eau d'hamamélis, placez-le au réfrigérateur, puis pulvérisez-en sur vos jambes. C'est très agréable, surtout en été.
- Évitez les vêtements serrés.
- Limitez, voire bannissez de vos repas le sel, qui favorise la rétention.
- Massez-vous les pieds à l'aide d'un petit rouleau en bois ou d'une balle ferme – debout ou assise, posez le pied sur la balle et roulez-la sur la voûte plantaire : détente garantie !
- Bougez chaque jour. La marche ou la natation, pratiquées régulièrement, facilitent la circulation sanguine.

⚠ Important !

Un œdème conséquent et généralisé accompagné de troubles visuels ou digestifs nécessite une consultation rapide. Pensez à (faire) vérifier votre tension artérielle.

1 Les huiles essentielles ne sont pas miscibles dans l'eau. En plus d'avoir un effet décontractant et délassant, l'ajout de gros sel ou de sel d'Epsom permet de les y solubiliser.
2 La biodisponibilité d'un minéral correspond à la quantité réellement absorbée par l'organisme après ingestion.

Les varices

Il s'agit d'un problème relativement fréquent et douloureux. Il est important d'y remédier afin d'éviter une inflammation veineuse extrêmement pénible. L'hydrolat d'hamamélis fera des merveilles en permettant aux veines de se rétracter. Pour ce faire, massez les zones concernées avec cet hydrolat, agrémenté d'1 ou 2 gouttes d'huile essentielle de lavande. Pensez également à surélever vos jambes plusieurs fois par jour, à les passer sous l'eau froide à l'aide du pommeau de douche (de bas en haut) et à porter des bas de contention si les varices deviennent trop gênantes.

Côté alimentation : veillez à avoir un apport en huiles végétales de qualité – première pression à froid et d'origine biologique (voir conseils p. 44). Variez les huiles (olive, noix, lin, cameline, etc.) et préférez les petites bouteilles pour pouvoir changer régulièrement. Conservez-les au frais et à l'abri de la lumière afin de préserver leurs qualités nutritionnelles. Les acides gras insaturés qu'elles contiennent ont notamment un effet bénéfique sur la circulation sanguine et l'état de la structure des veines et des artères. Si des hémorroïdes apparaissent pendant votre grossesse, reportez-vous p. 126.

Les vergetures

Afin de prévenir les vergetures, ou tout au moins d'en limiter le développement, il est nécessaire de commencer à choyer sa peau dès le début de la grossesse, surtout si vous présentez une faiblesse du tissu cutané. Le bon geste : masser les seins, les cuisses, le ventre et les fesses quotidiennement, avec 1 cuillerée à soupe d'huile à l'arnica. À partir du troisième mois de grossesse, vous pouvez y ajouter 2 gouttes d'huile essentielle de lavande vraie ou fine pour son action cicatrisante, anti-vergetures et son effet calmant, idéal en fin de journée. L'huile appliquée sur une peau humide pénétrera davantage par la création d'une émulsion entre les deux liquides. La peau possède un extraordinaire pouvoir de régénération. Les petites vergetures disparaîtront doucement après la naissance et les grosses seront atténuées si la peau est nourrie et massée.

Faites-le vous-même
Sus aux vergetures !

Mélangez 2 gouttes d'huile essentielle de géranium rosat dans 1 cuillerée à soupe d'huile à l'arnica. Massez les zones concernées.

⚠ **Attention ! À n'utiliser qu'après le troisième mois de grossesse.**

Vous pouvez préparer une variante en mélangeant 100 ml d'huile d'avocat, d'amande douce ou de rose musquée ; 6 gouttes d'huile essentielle de néroli ; 10 gouttes d'huile essentielle de lavande fine et 2 gouttes de vitamine E (conservateur naturel qui évite le rancissement de l'huile végétale).

ZOOM

Les huiles essentielles, les hydrolats et les huiles végétales

Les huiles essentielles

Une huile essentielle est obtenue par distillation à la vapeur d'une fleur, d'une plante ou d'une résine. Un autre mode d'extraction, réservé aux agrumes, consiste à exprimer à froid l'écorce du fruit pour en récupérer l'huile essentielle. Les huiles essentielles ayant une action puissante, il convient d'en connaître les propriétés et les précautions d'usage afin d'en tirer le meilleur parti. Elles sont en effet très précieuses pour accompagner naturellement les maux du quotidien. Elles agissent sur le corps et apportent bien-être et équilibre émotionnel. Une goutte suffit pour un effet thérapeutique ; elles sont donc très économiques et écologiques.

Attention : ce n'est pas parce qu'elles sont en vente libre qu'elles ne sont pas dangereuses. Il est donc recommandé de les utiliser avec prudence. Beaucoup sont contre-indiquées pour les femmes enceintes ou allaitantes et les enfants. D'autres requièrent de prendre certaines précautions d'utilisation. Certaines huiles sont en effet toxiques pour le foie, le cerveau ou peuvent provoquer un avortement ou des malformations fœtales. Il est préférable de consulter un·e aromathérapeute ou un·e naturopathe certifié·e afin de bénéficier d'un suivi personnalisé. N'utilisez sous aucun prétexte les huiles essentielles en injection ou pures au niveau des muqueuses. N'en mettez jamais dans les yeux.

Astuce naturo

5 critères pour choisir une huile essentielle

Le flacon doit porter plusieurs mentions et livrer des informations sur le contenu :

- la mention « 100 % pure et naturelle » et le label AB ;
- le nom botanique de la plante écrit en latin ;
- le chimiotype (ou chémotype) de la plante –sorte de carte d'identité différenciant les huiles essentielles extraites d'une même espèce – qui donne des informations sur la composition ;
- le pays d'origine de la plante ;
- la partie de la plante distillée – cette information est très importante, car les propriétés ne sont pas les mêmes.

Les hydrolats

L'hydrolat est la partie aqueuse récupérée après distillation à la vapeur d'eau (comme pour l'obtention de l'huile essentielle). Lors de la séparation des substances à l'aide d'un alambic, la vapeur d'eau se condense dans le serpentin, entraînant les essences aromatiques. Le liquide recueilli, séparé de l'huile essentielle mais chargé des particules aromatiques de la plante, est appelé hydrolat ou eau florale (quand il s'agit de fleurs). Les hydrolats contiennent entre 2 et 5 % de ces particules imprégnées des propriétés énergétiques de la plante distillée – cette dernière peut de ce fait transmettre des messages vibratoires énergétiques subtils. Ils soutiennent un accompagnement psycho-émotionnel.

Ils sont faciles d'utilisation, notamment pour les femmes enceintes et les enfants. Hydrosolubles, ils se mélangent aisément dans une tisane, de l'eau, le bain, etc. Quel que soit le mode d'utilisation, choisissez des hydrolats d'origine biologique, sans alcool ni conservateur. Si vous en avez la possibilité, achetez-les à un producteur local.

Les hydrolats de qualité sont purs et ne contiennent aucun conservateur ; aussi est-il vivement conseillé de les conserver au réfrigérateur. Utilisez le flacon dans les six mois qui suivent son ouverture. Si vous constatez le moindre changement d'odeur ou d'aspect, jetez-le !

Hamamélis

Il tonifie la microcirculation, fortifie les veines, purifie et apaise les peaux sensibles (acné, peau grasse et mixte). À utiliser en pulvérisation sur les jambes pour améliorer de manière douce et naturelle les problèmes de circulation (vous pouvez aussi l'appliquer à l'aide d'une compresse) ou à boire tout au long de la journée pour renforcer son action (trois cuillerées à soupe dans un demi-litre d'eau fraîche). En cas de tensions nerveuses et de troubles du sommeil, mélangez des hydrolats de lavande, d'aubépine et de mélisse (une cuillerée à café chacune) dans une tasse d'eau tiède.

Lavande

Cet hydrolat apporte calme, relaxation et sérénité. Il apaise le mental agité par des questions, des peurs ou des préoccupations. Mettez-en deux cuillerées à soupe dans un demi-litre d'eau tiède et buvez au fil de la journée. Il favorise aussi un sommeil réparateur, donc n'hésitez pas à en vaporiser sur votre oreiller.

Mélisse

Très utile quand on recherche l'apaisement. La mélisse aide également à calmer les spasmes digestifs et à stimuler la digestion en douceur. Elle calme les crises d'angoisse et l'anxiété. Mélangez deux ou trois cuillerées à soupe dans un demi-litre d'eau froide ou tiède.

Rose

La fleur de la féminité par excellence. Calmante et équilibrante sur le plan émotionnel, elle apaise les tensions nerveuses. Elle apporte la joie et ouvre le cœur. À utiliser en brumisation sur le corps et dans la préparation de vos cosmétiques faits maison. Elle soulage les peaux sèches, fatiguées et/ou irritées et donne bonne mine – ne parle-t-on pas d'un teint de rose ? Vous pouvez également la boire : versez trois cuillerées à soupe dans un demi-litre d'eau. Enfin, versez-en trois cuillerées à soupe dans votre bain avant de vous y plonger !

Pensez-y !
Modes d'utilisation des hydrolats

- En ingestion, à raison de deux cuillerées à soupe dans un demi-litre d'eau à boire entre les repas, en cure de 10 à 20 jours renouvelables. Vous pouvez également en ajouter dans vos recettes ou dans une tisane.
- En guise de démaquillant ou de lotion tonique pour les soins du visage, sur une peau bien nettoyée, ou pour vous rafraîchir dans la journée ou lors de températures élevées. Les hydrolats peuvent faire partie de votre trousse pour partir à la maternité. Durant le travail, ils vous apporteront bien-être et sérénité.
- En brumisation, directement sur le visage, dans une pièce ou sur un oreiller.
- En compresses pour le soin des yeux.

Les huiles végétales

Les huiles végétales sont utiles pour tous les soins du corps et du visage ; elles sont aussi utilisées pour y diluer certaines huiles essentielles. Afin de leur garder toutes leurs propriétés, conservez-les au frais et à l'abri de la lumière après ouverture. Pour un usage quotidien, versez-en dans un flacon compte-gouttes opaque, c'est plus pratique.

Amande douce
Un classique ! Elle est bien tolérée, mais doit être utilisée avec précaution dans les familles allergiques aux fruits à coque.

Arnica
Antalgique et anti-inflammatoire. Son odeur est douce.

Avocat
Nourrit les peaux sèches, sensibles et dévitalisées. Elle peut s'utiliser sur les cheveux secs ou sans volume et en masque capillaire.

Calendula
Apaisante et adoucissante. Son odeur est douce.

Calophylle
Antibactérienne et anti-inflammatoire. Son odeur est très forte.

Jojoba et noisette
Ces deux huiles sont fluides et pénètrent bien dans la peau. L'huile de noisette a la réputation d'être une huile sèche. Sa fragrance rappelle l'automne et ses parfums subtils.

Macadamia
Une huile précieuse, idéale pour les peaux fragiles, très adoucissante et régénérante. Son odeur est assez forte.

Rose musquée
L'huile féminine par excellence. Elle contient des propriétés antirides, cicatrisantes et apaisantes. Son odeur est fine et délicate.

Sésame
Nourrissante, cette huile pénètre très bien dans la peau. Son odeur est forte.

Sur le chemin de la grossesse : quels sentiers emprunter ?

La grossesse vous conduit à prendre de nouveaux chemins, ponctués, bien entendu, de visites de contrôle, d'examens médicaux, de prises de sang, qui rythment les mois qui s'égrènent. Mais il existe une autre dimension, qui ne se rapporte pas au « faire » et développe une manière d'être au monde. Réveillez la louve qui sommeille en vous et découvrez votre nature profonde qui pourra peut-être vous surprendre.

La médecine a fait de grandes avancées en matière de surveillance et de compréhension du développement et du vécu du fœtus. Pour certaines femmes, les examens complémentaires et réguliers sont très rassurants. Pour d'autres, cette médicalisation inquiète, voire génère une anxiété qui se tisse en toile de fond. Parfois, la médicalisation est un obstacle à la création du lien entre la mère et l'enfant. Il est important de trouver des espaces de détente et de sérénité pour que la grossesse ne soit pas une saison d'inquiétude. Permettre à la future mère de prendre soin d'elle est nécessaire. Le fœtus est très sensible aux émotions de sa maman. Cette imprégnation peut créer chez certains enfants une surcharge émotionnelle qui se manifestera de différentes manières après la naissance (voir p. 100).

J'aime à penser que la création de la vie peut se soustraire un instant à la technique et à la recherche pour être considérée avec un regard neuf, dans une autre dimension : celle du cœur, de l'amour, de l'émotion.

« Que ton alimentation soit ta médecine. » Hippocrate

L'alimentation illustre le lien puissant que nous entretenons avec notre environnement et avec la terre. En intégrant dans nos plats des herbes et des épices, nous offrons à notre corps la quintessence de la nature pour nourrir, stimuler et entretenir nos organes. Choisir ses aliments avec soin, les apprécier avant de les consommer, concevoir nos repas comme autant de mélanges colorés aiguise l'appétit et régale tous les sens. Cuisiner et choisir son mode d'alimentation représente bien plus que le simple fait de se nourrir. On vient toucher au fondement de l'Être et à sa culture.

Depuis que j'ai étudié l'alimentation thérapeutique, je vois dans les trésors de l'agriculture bien plus que de simples fruits, légumes et herbes aromatiques. J'y vois des merveilles qui sont là pour nous faire du bien et renforcer notre lien à cette terre qui les a produits.

Néanmoins, le contenu de vos assiettes ne fait pas tout. L'ambiance dans laquelle vous allez déguster vos plats va contribuer à une bonne assimilation. Prenez le temps de mastiquer, de vous détendre, de fuir les conflits et les situations stressantes, qui sont autant de facteurs négatifs.

La naturopathie conseille une alimentation vivante, locale – de préférence biologique, des aliments complets, le moins transformés possible et sans sucre ajouté, ainsi que de l'eau de qualité. Cette manière de se nourrir offre un confort de vie et permet à une grande majorité de personnes de retrouver de l'énergie.

Mon approche se situe à l'intersection entre une meilleure conscience de votre corps et l'expression de ses besoins. C'est ainsi que je vous invite à vous mettre à l'écoute de votre corps pour le protéger et l'aimer chaque jour un peu plus.

Le saviez-vous ?

L'indice glycémique

Plus un aliment est raffiné, plus l'indice glycémique est élevé. Pour le diminuer, il est préférable de consommer des aliments complets (pain, céréales, etc.), d'intégrer des oléagineux et des fruits aux collations et de préparer des petits déjeuners salés.

Comment prendre de meilleures habitudes alimentaires ?

On dit que 21 jours sont nécessaires à l'instauration d'une nouvelle habitude. Il en faut parfois davantage. Mais ce n'est pas un problème : l'essentiel est de se mettre en chemin et de progresser à son rythme. Il est préférable d'avancer à petits pas, avec constance, plutôt que de se décourager devant des pas de géant.

Quelques suggestions naturopathiques pour induire le changement :

- **Ne sautez pas de repas ; maintenez une alimentation régulière.**
- **Mangez des protéines à chaque repas en variant protéines animales et végétales (pour ces dernières, veillez à combiner une céréale complète et une légumineuse).**
- **Préférez les glucides à indice glycémique (IG) bas et écartez les aliments raffinés afin de prévenir les hypoglycémies, la prise de poids et le diabète gestationnel.**
- **Régalez-vous de fruits et de légumes. Préférez les fruits comme collation et mangez des légumes à chaque repas.**
- **Chaque jour, veillez à un apport en bonnes huiles de première pression à froid (voir p. 58) pour des lipides de qualité – trois ou quatre cuillerées à soupe par jour sur vos légumes et vos salades.**
- **Les graines germées sont des concentrés de vitamines, de minéraux, d'oligoéléments et de protéines. Très faciles à faire germer, ces graines sont des incontournables pour une alimentation vivante. Il suffit d'un bocal, d'une étamine, de graines de votre choix, d'eau et d'un brin de patience.**
- **L'essentiel des besoins hydriques sera comblé par la consommation d'eau. Je vous invite à choisir une eau de source de préférence (Mont Roucous ou Courmayeur, par exemple). Buvez-en entre 1,5 et 2 l par jour.**

ZOOM

Les indispensables du placard

Levure de bière

Riche en vitamines du groupe B, elle soutient le système nerveux, notamment dans les situations de stress ou de grands changements, lors desquels on est plus vulnérable. La grossesse et l'accouchement font partie de ces périodes-là. De plus, les vitamines du groupe B ont une action sur la peau et les cheveux. Mettez un bocal sur la table et saupoudrez-en vos plats, à volonté ! La levure de bière est bonne pour toute la famille. Toastée, elle a un petit goût qui ravit les enfants.

Ortie en poudre

Saupoudrez-la sur vos plats, à volonté !

Spiruline

Elle est source de fer, de vitamines et de minéraux. Elle est très riche en protéines et a une action antioxydante. Elle se présente sous la forme d'une poudre vert émeraude. Vous pouvez la saupoudrer sur vos plats, l'intégrer à vos mueslis, vos salades ou encore l'incorporer à des boules d'énergie (voir les recettes du chapitre sur l'alimentation, p. 128). Commencez par de petites quantités.

Astuce naturo

Un mot sur la cuisson

L'idéal est de pratiquer une cuisson douce, à la vapeur de préférence, afin de ne pas dénaturer les aliments et de leur conserver toutes leurs qualités gustatives et nutritives. Les légumes *al dente* conservent davantage leurs propriétés.

Dans le cas de plats mijotés, favorisez une cuisson lente à feux doux.

Vitamines et oligoéléments

Voici un récapitulatif pour vous aider à comprendre l'intérêt de chaque vitamine et oligoélément.

Vitamines, minéraux et oligoéléments	*Rôles et quantités recommandées*	*Où les trouver ?*
Fer	Il permet la formation des globules rouges et le transport de l'oxygène. Il prévient l'anémie. Il permet une bonne oxygénation du fœtus. Selon l'European Food Safety Authority, il est conseillé de consommer chaque jour cinq portions d'oléagineux ou de légumineuses. Dans le cas d'un régime végétarien, on conseille fréquemment d'associer céréales et légumineuses pour un apport complet d'acides aminés. Un complément en fer sera prescrit après vérification du taux d'hémoglobine et numération de la formule sanguine, lors d'une prise de sang.	Il existe 2 formes de fer : • Le fer héminique, présent dans les produits d'origine animale, qui est absorbé à 25 % par l'organisme. • Le fer non héminique, présent dans la plupart des végétaux et absorbé à 5 % par l'organisme. Retenez que le fer est mieux absorbé en présence de vitamine C, alors que son absorption sera diminuée par les tanins (café et thé), les acides phytiques et les acides oxaliques (céréales et légumineuses). Autres sources : • viande rouge, poisson, volaille, fruits de mer ; • noix et graines ; • légumineuses (particulièrement les lentilles et haricots blancs) ; • légumes verts feuillus ; • sésame complet.

Vitamines, minéraux et oligoéléments	***Rôles et quantités recommandées***	***Où les trouver ?***
Calcium	C'est le minéral le plus abondant dans le corps. Le calcium est entreposé dans les dents et les os. Toutes les fonctions du corps sont concernées d'une manière ou d'une autre par celui-ci (système nerveux, muscles, équilibre acido-basique, etc.). Pendant la grossesse, un apport en calcium inférieur à 500 mg par jour est associé à une perte de masse osseuse chez la mère. Il est donc important de veiller à avoir un apport bien supérieur. L'idéal serait de viser un apport de 1000 mg de calcium par jour pendant la grossesse. Voyez avec votre médecin.	Ce minéral est présent dans beaucoup d'aliments. Il semblerait que sa biodisponibilité diffère selon ceux-ci. Quelques sources de calcium à biodisponibilité optimale : bouillon d'os, légumes verts (en particulier les crucifères), noix et graines (notamment les amandes et noisettes, les graines de sésame complet et de chia, ou encore la farine de sarrasin, pour ne citer que ces aliments-là). Les sardines, si on les mange avec les arrêtes. Choisir une eau riche en calcium, comme l'eau Courmayeur. L'assimilation du calcium est favorisée par l'exercice physique et les vitamines C, A et D.
Zinc	Il est impliqué dans plus de 200 réactions enzymatiques, il favorise la cicatrisation et la santé de la peau, le développement de l'immunité, ainsi que la fertilité (surtout chez les hommes). Il participe à l'équilibre de la glycémie et à la prévention de la prématurité. Il réduit le passage des métaux lourds dans le placenta. Il prévient l'hypertension artérielle maternelle et la prééclampsie.	La meilleure source est l'huître. On en trouve aussi dans les viandes rouges, la volaille, les graines de courge et les œufs.
Chrome	Sa fonction principale est de soutenir l'insuline dans la régulation de la glycémie. Les femmes enceintes peuvent en présenter une carence.	On le trouve dans les céréales complètes, les viandes maigres, les abats, les fromages, la levure de bière et les champignons.

Vitamines, minéraux et oligoéléments	***Rôles et quantités recommandées***	***Où les trouver ?***
Magnésium	Il participe à plus de 300 réactions enzymatiques comme cofacteur indispensable (synthèse des protéines, transmission nerveuse, reproduction, fonctions neuromusculaires, etc.). Il participe aussi au développement du fœtus, prévient l'hypertension maternelle et le diabète gestationnel. Une carence en magnésium entraîne à la longue un stress inflammatoire chronique.	On le retrouve dans les céréales complètes et les légumineuses, les noix, les amandes, le germe de blé, les légumes verts, le cacao. L'ortie est une excellente source de magnésium. **Attention** : l'alcool, l'excès de gras, de protéines et de sucre blanc limitent l'absorption du magnésium.
Sélénium	Il est impliqué dans la constitution de l'immunité, la reproduction et le métabolisme des hormones thyroïdiennes.	La noix du Brésil est une excellente source de sélénium. Une à deux noix par jour couvrent les besoins nécessaires. Accompagnez-les de quelques baies de goji qui assureront un apport en oligoéléments et en minéraux (ces petites baies rouges en contiennent 21), ainsi qu'en protéines.
Phosphore	Avec le calcium, il forme la partie dure de l'os et de l'émail des dents.	Abondant dans la nourriture, notamment dans les aliments riches en protéines.

Vitamines, minéraux et oligoéléments	***Rôles et quantités recommandées***	***Où les trouver ?***
Iode	Composante des hormones thyroïdiennes, l'iode participe à la régulation de la croissance. Les apports recommandés en iode augmentent significativement durant la grossesse.	On en trouve principalement dans le sel de table enrichi en iode, dans les mélanges d'algues du pêcheur en paillettes sèches ou dans les algues kombu séchées. Autres sources : poissons et fruits de mer, légumineuses, œufs, foie de bœuf.
Vitamine D	Vitamine liposoluble. C'est la seule vitamine qui peut être sécrétée par les cellules. Pour cette raison, elle serait davantage considérée comme une hormone stéroïdienne, contrairement à ce que l'on pensait au moment de sa découverte. Permet une absorption optimale du calcium et du phosphore, ainsi que leur fixation sur les os. Elle a une incidence sur le système immunitaire et sur la lutte contre les infections. Prévient contre l'hyperperméabilité intestinale. Un supplément de vitamine D est souvent recommandé. Voyez avec votre médecin ou votre naturopathe.	Le soleil est une source de vitamine D, mais veillez à une exposition sécurisée. Les poissons gras – notamment l'huile de foie de morue – sont riches en vitamine D, ainsi que le jaune d'œuf et le beurre. La vitamine D2 c'est une forme de vitamine D synthétisée par des levures ou des champignons exposés à la lumière. La vitamine D3 est extraite de la laine des moutons et est plus facilement métabolisée en vitamine D active.
Vitamine B9 ou folate (vitamine B9 naturelle) ***Pour information, l'acide folique est de la vitamine B9 synthétique***	Elle est vivement recommandée comme supplément en préconception (idéalement trois mois avant) et pendant les premiers mois de la grossesse. La vitamine B9 participe au développement du système nerveux de l'embryon et du fœtus, au métabolisme des acides aminés, au fonctionnement normal du système immunitaire et à la réduction de l'état de fatigue de la future maman. Elle est essentielle pour prévenir les malformations du tube neural chez le fœtus à la quatrième semaine de grossesse.	On la trouve dans les abats, les légumineuses, les légumes vert foncé, le soja, les agrumes et le foie. Il est cependant conseillé de la prendre en complément. Pour cela préférer le folate ou le methylfolate.

Vitamines, minéraux et oligoéléments	*Rôles et quantités recommandées*	*Où les trouver ?*
Vitamine A	Elle joue un rôle dans la prévention des troubles de la vue. Antioxydante, elle remodèle le tissu osseux. Elle stimule la multiplication des globules blancs.	On la retrouve dans les abats, les viandes, les poissons, les œufs et les myrtilles.
Vitamine B5	Régulatrice des lipides et de la synthèse du cholestérol, elle agit sur le système nerveux et sur les glandes surrénales en contrôlant la production d'adrénaline, ce qui lui confère une action de régulation du stress. Elle permet également la régénération de la peau et des muqueuses.	Champignon shitakés, abats, graines de tournesol, saumon et morue en contiennent.
Vitamine B6	Elle régule les systèmes immunitaires et nerveux, participe à la prévention des troubles de l'humeur, notamment pendant la grossesse et après la naissance. Elle prévient le diabète gestationnel. *Attention :* les contraceptifs oraux peuvent rentrer en compétition avec la vitamine B6.	Elle est présente dans les abats (foie, rognons), viandes de porc et de mouton, légumes secs, céréales. On la trouve aussi dans les légumes verts frais, la banane, les œufs et les produits laitiers.

Vitamines, minéraux et oligoéléments	*Rôles et quantités recommandées*	*Où les trouver ?*
Vitamine C	Vitamine hydrosoluble et antioxydante, elle renforce le système immunitaire, est nécessaire à la protection des muqueuses et de la peau, participe à la fabrication du collagène (os, ligaments, cartilage) et facilite l'absorption du fer.	Fruits et légumes frais en sont une source sûre. **Attention :** la cuisson et l'exposition à l'air détruisent cette vitamine très sensible à la lumière et à la chaleur
Vitamine B12	Elle protège le système nerveux et intervient dans la fabrication des globules rouges. Une carence peut provoquer des malformations durant la grossesse. Si vous avez une alimentation végétarienne ou végétalienne, il est important de vous supplémenter quotidiennement en vitamine B12. Faites le point avec votre médecin.	On la trouve dans les produits laitiers, les viandes et les poissons.

LE SAVIEZ-VOUS ?

Vitamine B9, acide folique, folate ou methylfolate ?

L'acide folique est le nom que l'on donne à la vitamine B9, une vitamine que notre corps ne peut pas produire lui-même. Or l'acide folique est de la vitamine B9 de synthèse, alors que le folate est naturel, donc à privilégier pour une meilleure biodisponibilité.

Afin d'être assimilable par le corps, le folate doit subir une réaction (la méthylation), qui le transforme en *methylfolate*. C'est précisément le *methylfolate* qui permet la fermeture correcte du tube neural.

La vitamine B9 agit de concert avec la vitamine B12 pour assurer un apport optimal de *methylfolate* à la future mère et il est important de ne pas être en carence.

En conclusion, préférez une complémentation en folate ou directement en *methylfolate* afin d'assurer vos apports.

Céréales, légumineuses et oléagineux : y voir plus clair !

Afin de varier votre alimentation et d'intégrer des protéines végétales dans vos assiettes, je vous recommande d'associer une céréale (de préférence complète ou semi-complète) et une légumineuse. Piochez dans ce tableau afin de vous inspirer pour des repas complets et colorés.

Céréales	*Légumineuses*	*Oléagineux et graines*	*Fruits secs*
Avoine	Haricots azukis, rouges ou blancs	Amandes	Abricots secs
Épeautre	Lentilles vertes, corail ou jaune	Graines de chia	Dattes
Fonio	Pois cassés	Graines de lin (à utiliser moulues, à saupoudrer sur les plats)	Figues
Maïs ou polenta	Pois chiches	Graines de tournesol	Mangue séchée
Millet	*Pour augmenter leur digestibilité, faites-les tremper durant la nuit et cuisez-les avec un morceau d'algue combo ou une feuille de laurier.*	Noisettes	Pruneaux
Orge		Noix de cajou	Raisins secs
Pâtes		Noix de Grenoble	
Petit épeautre		Noix de macadamia	
Quinoa		Noix du brésil	
Riz basmati, complet, noir ou rouge		Pavot	
Sarrasin		Sésame	
Semoule de blé, d'épeautre ou de Kamut			
Préférez-les complètes ou semi-complètes pour une transition à votre rythme.			

Pensez-y !
Les lentilles, un aliment complet

Les lentilles sont riches en magnésium, en fer, en zinc, en calcium et en protéines. Les lentilles corail contiennent du bêta-carotène, précurseur de la vitamine A, indispensable à la vue et au soutien du système immunitaire. Les lentilles sont incontournables dans une alimentation variée et équilibrée.

Les huiles végétales

Souvent diabolisées, les huiles sont pourtant nécessaires à une bonne santé. Les bons acides gras sont indispensables au fonctionnement optimal du corps, et les huiles de qualité ne font pas grossir, au contraire : elles participent à un grand nombre de fonctions dans l'organisme.

Elles ont des actions au niveau du cerveau, de l'humeur, de la peau, du système cardio-vasculaire et du travail cellulaire. Il est important de choisir des huiles de qualité, d'origine biologique et de première pression à froid.

Conservez-les au réfrigérateur après ouverture pour éviter qu'elles ne rancissent (sauf l'huile d'olive qui se fige). Vous pouvez également choisir des plus petites bouteilles, afin de changer plus souvent et d'optimiser les apports. Le choix est vaste, je vais en détailler quelques-unes.

Je vous invite vraiment à les alterner, de manière à apporter à votre corps tous les acides gras dont il a besoin.

Cameline et lin

Cette huile a des propriétés très proches de celles de l'huile de lin, c'est-à-dire qu'elle contient des oméga-3 en grande quantité. Elle est très fragile et à conserver absolument au frais. Tout comme l'huile de lin, elle est sensible à l'air et à la lumière. Toutes deux rancissent rapidement d'où l'intérêt de préférer les petites bouteilles.

Colza

Cette petite fleur jaune donne une huile jaune clair protectrice des parois artérielles. Elle a également une action contre la formation de caillots sanguins.

Olive

Très populaire, ses utilisations sont variées. Elle peut être consommée crue, mais on peut également s'en servir pour la cuisson. Elle est riche en vitamines A, D, E, K. Elle est très bien tolérée. Elle stimule le foie et la vésicule biliaire et est indiquée lors de problèmes digestifs.

Noisette

Elle a un délicieux goût parfumé, mais elle est très fragile et rancit assez rapidement. Excellente sur des légumes cuits *al dente*. Préférer les petites bouteilles à conserver au frais. Une huile à privilégier pour les enfants, dont elle stimule la croissance.

Noix

Ma préférée ! Exquise en salade ou sur les légumes cuits, elle est très riche en acides gras polyinsaturés. Elle diminue le « mauvais cholestérol » (LDL) au profit du « bon » (HDL). Elle protège les cellules cérébrales et possède des propriétés antianémiques.

Sésame

Huile originaire d'Inde, elle présente une saveur prononcée. Elle protège le système cardio-vasculaire, la peau et calme le système nerveux. Toutes les huiles peuvent être utilisées en massage, mais l'huile de sésame, chauffée à la température du corps (37° C), est un pur bonheur en massage. Elle apaise le mental et nourrit la peau en profondeur.

ZOOM

Le rôle des oméga-3 et des oméga-6

Les oméga-3 et les oméga-6 ont une action anticoagulante qui protège le système cardio-vasculaire. Ils participent à l'équilibre nerveux, soutiennent la mémoire et régulent l'humeur avec une action antidépressive. Ils sont vasodilatateurs, anti-inflammatoires et antiallergiques. On les trouve principalement dans les poissons gras. Néanmoins, pendant la grossesse, évitez le thon et l'espadon qui sont trop riches en métaux lourds. Les noix de Grenoble (avec six cerneaux de noix, vous assurez votre quantité journalière) et les huiles de colza, de cameline et de lin en contiennent aussi.

Les oméga-3 à longue chaîne

L'European Food Safety Authority recommande d'augmenter les apports de 100 à 200 mg de DHA (voir encadré p. suivante) pendant la grossesse et l'allaitement, afin de fournir au bébé les quantités nécessaires au bon développement de son cerveau et de ses yeux. Il semble qu'un apport supplémentaire d'ALA (acide alpha-linolénique) ne suffirait pas à augmenter le taux de DHA dans le sang des femmes enceintes. Il peut donc être utile de compléter l'alimentation par un complément de DHA à raison de 200 mg par jour. Cet apport ne paraît pas augmenter la fluidité du sang et donc le risque hémorragique au moment de la naissance[1].

Les oméga-6

Ils protègent la peau et sont anti-inflammatoires. De plus, ils préviennent les troubles prémenstruels et ont un rôle régulateur sur le cycle menstruel. Ils sont très présents dans l'alimentation, notamment dans les graines, les céréales, les oléagineux, la viande et les produits laitiers.

1 Sandrine Costantino, *Nourrir son enfant autrement*, Paris, Éditions La Plage, 2019.

Quèsaco ? Le DHA

Le DHA (acide docosahexaénoïque) est l'oméga-3 le plus essentiel à notre organisme et, paradoxalement, le plus critiqué dans notre alimentation moderne. Il est très difficilement synthétisé par l'organisme, avec de faibles rendements.

Or le cerveau contient 60 % d'acides gras, dont 14 % sont des oméga-3 (97 % de DHA). Dans la rétine, 93 % des oméga-3 sont du DHA. Le DHA est un élément structurel et fonctionnel du cerveau, de toutes les membranes cellulaires et des neurones. Il assure la fluidité des membranes et participe à la transmission de l'influx nerveux.

Le DHA s'incorpore dans le système nerveux dès la vie fœtale, au troisième trimestre de la grossesse, puis durant les premières années de vie.

Pensez-y ! Noix, céréales et légumineuses : au bain !

Faites tremper noix et graines avant de les faire cuire et de les consommer. Elles sont riches en acides oxaliques et en acides phytiques, qui nuisent à l'absorption des micronutriments.

ZOOM

La prise de poids

Jusqu'à la quinzième semaine environ, le poids pris (entre 3 et 4 kilos environ) constitue essentiellement des réserves pour la maman : protéines dans les muscles et graisse dans les tissus adipeux. Celles-ci sont nécessaires lorsque la grossesse avance, pour subvenir aux besoins de la maman et du bébé. À partir du deuxième trimestre, le fœtus grandit et son poids augmente jusqu'au troisième trimestre.

Répartition moyenne du poids au cours de la grossesse

Fœtus	3,4 kg
Placenta	0,6 kg
Liquide amniotique	0,8 kg
Poids augmenté de l'utérus	0,9 kg
Poids augmenté du volume des seins	0,4 kg
Augmentation du volume sanguin	1,5 kg
Liquide extracellulaire	1,4 kg
Graisse	3,4 kg
Total	12,5 kg

Les quelques réserves que la maman aura faites seront également utiles en cas d'allaitement (voir p. 137). Si la vigilance sur la prise de poids peut être utile dans certaines situations, il est important de ne pas en faire un sujet de stress. En effet après la naissance il n'est pas rare que certaines femmes qui avaient pris le poids minimum, se retrouvent épuisée par un amaigrissement trop rapide et un manque de réserves, d'autant plus si elles choisissent d'allaiter.

Épices et fines herbes

Utilisées depuis toujours par tous les peuples du monde, elles ajoutent du goût, préservent les aliments et harmonisent la digestion. Antibactériennes, antifongiques et antiparasitaires, elles apportent des phytonutriments qui régulent les processus biologiques. Également antioxydantes et antispasmodiques, elles soutiennent le corps. N'hésitez pas à agrémenter vos plats de vos herbes préférées.

Des substituts au thé et au café

Idéalement, il est recommandé de limiter, voire de supprimer si possible, le thé et le café. Certes, ces excitants vous donnent un coup de fouet passager, mais vos surrénales sont stimulées inutilement et produisent du cortisol, hormone sécrétée en situation de stress. En stimulant ainsi vos glandes surrénales, vous allez finalement vous épuiser davantage. De plus la théine et la caféine passent dans le sang et sont absorbées par votre bébé, ce qui n'est pas idéal pour lui.

Toutefois, s'il vous est difficile de vous en passer, réduisez votre consommation à 1 fois par jour et, en complément ou en remplacement, optez pour des substituts qui stimulent en douceur, sans vous épuiser et sans danger pour votre bébé.

Par ailleurs il est possible que la grossesse modifie vos goûts alimentaires et que l'odeur du café ou le goût du thé ne vous attire plus du tout. Dans ce cas, choisissez d'autres boissons, et découvrez de nouvelles saveurs !

Chaï sans théine à ma façon

Ingrédients :

- **3 cosses de cardamome**
- **1/2 bâton de cannelle**
- **Quelques graines de coriandre**
- **1 étoile de badiane**
- **1 cuillerée à café de romarin**

Broyez le tout dans un mortier. Mettez le mélange dans une cafetière à piston (ou dans une théière, selon ce que vous possédez). Versez de l'eau chaude et laissez infuser 5 à 10 minutes. Le *must* est de faire mousser un lait végétal. Remplissez la moitié d'une tasse avec l'infusion et complétez avec le lait végétal mousseux. Vous pouvez saupoudrer d'un mélange de cacao et de cannelle en poudre. À déguster chaud avec un bon livre ou simplement en appréciant l'instant présent.

Matcha

Très riche en antioxydants, le *matcha* est très énergisant, sans pour autant avoir les inconvénients du thé noir ou du café. Il se présente sous la forme d'une poudre verte à diluer dans de l'eau avec un petit fouet en bambou dans un bol en céramique. Il permet d'accroître sa concentration et sa vigilance. Son action étant très efficace, il est recommandé d'en boire seulement une tasse par jour. Cela remplacera aisément votre café ou thé du matin.

Dans un bol large, mettez la poudre verte du *matcha* et, à l'aide d'un fouet en bambou, battez en ajoutant l'eau frémissante, jusqu'à ce que vous voyiez apparaître de la mousse à la surface.

Ajoutez un peu de lait animal ou végétal de votre choix (amande, soja, avoine).

Dégustez ce breuvage à petites gorgées, c'est délicieux !

Curcuma latte ou lait d'or

Cette boisson de couleur jaune est connue pour ses vertus apaisantes, anti-inflammatoires et immunostimulantes. Il s'agit d'un mélange d'épices composé de cannelle, de curcuma et de gingembre. Ces épices aux délicieux parfums ont des propriétés stimulantes et douces.

Dans une petite casserole, versez 250 ml d'eau et une demi-cuillerée à café de la préparation d'épices en poudre (qui peut être composée par vos soins ou achetée toute faite).

Chauffez en mélangeant afin que les épices infusent bien.

Remplissez la moitié d'une tasse avec l'infusion et complétez avec le lait végétal ou animal de votre choix.

Notez que la préparation traditionnelle se fait exclusivement au lait dans lequel vous ajoutez du poivre et une cuillerée à café d'huile de coco, pour favoriser l'assimilation du curcuma.

Pour ma part, je trouve que cette infusion est plus digeste lorsque l'on coupe le lait avec de l'eau et que l'on supprime l'huile de coco.

La boisson est en outre alors adaptée aux personnes à la digestion difficile.

Mais n'hésitez pas à faire des essais avec et sans huile de coco, et avec plus ou moins de lait !

Rooibos (sans théine)

Le rooibos est un arbuste originaire d'Afrique du Sud. Ses feuilles ne contiennent pas de théine, mais possèdent de nombreuses qualités. Le rooibos soulage les troubles digestifs (dont les coliques chez les bébés) et les allergies cutanées (dont l'eczéma et l'érythème fessier). Riche en antioxydants, il est très pauvre en tanins.

Il existe de nombreux parfums, mais si vous préférez, vous pouvez le trouver nature. Il se consomme chaud ou froid.

Versez une cuillerée à café de rooibos par tasse et ajoutez l'eau frémissante.

Laissez infuser jusqu'à ce que l'eau ait une belle couleur rouge.

Mélange vitaminé

Vous souhaitez une boisson chaude au goût délicat ? Acidulée et riche en vitamine C, cette infusion de baies de goji et de baies d'églantier est pour vous.

Dans une tasse d'eau chaude, mettez deux cuillerées à café de baies de goji et une cuillerée à café de baies d'églantier.

Laissez infuser 10 minutes.

Dégustez blottie dans un plaid avec un bon livre.

Grignotez les baies de goji ainsi réhydratées, elles sont délicieuses !

Sobacha

Boisson traditionnelle japonaise à base de sarrasin torréfié, le sobacha est très riche en calcium et en minéraux. Très facile à réaliser et digeste, il peut se boire chaud ou glacé.

Torréfiez le sarrasin dans une poêle et conservez-le dans une boîte hermétique. Il est déjà torréfié et prêt à l'emploi.

Dans une grande tasse, mettez 2 cuillerées à café de grains torréfiés de sarrasin décortiqué, versez de l'eau et laissez infuser durant 5 minutes.

Filtrez et dégustez.

Pour une boisson gourmande, ajoutez une petite cuillerée de miel non pasteurisé. Il peut se boire glacé également.

LE SAVIEZ-VOUS ?

Le sucre

La consommation de sucre a de nombreux effets néfastes sur la santé :

- Il acidifie l'organisme et déséquilibre le microbiote, favorisant les infections.
- Il offre des conditions favorables au développement des micro-organismes.
- Il fait fluctuer la glycémie et diminue l'absorption de la vitamine B9, qui participe à l'équilibre du système nerveux. Ainsi, sa consommation a une influence sur les variations de l'humeur.
- À long terme, la consommation de sucre fatigue le pancréas et peut provoquer la survenue d'un diabète de type 2.

Il existe des variantes au sucre blanc raffiné. En effet, l'utilisation en quantité modérée de sucres non raffinés, comme la *rapadura*, le *muscovado*, la mélasse ou le sirop d'érable, reste l'option à privilégier. Ceux-ci apportent au corps des sels minéraux (potassium, magnésium et calcium), des vitamines du groupe B, ainsi que des acides aminés.

Tisanes et mélanges de plantes pour accompagner la grossesse

Les plantes sont des alliées de choix tout au long de la grossesse. Je vous propose ici de les consommer en tisanes ou de les saupoudrer sur vos plats (notamment l'ortie).

Astuce : de manière générale, afin de conserver intactes les propriétés des plantes, couvrez le récipient pendant l'infusion.

Pour un sommeil réparateur

Camomille allemande ou matricaire

C'est une belle plante au goût de miel et riche en calcium, qui harmonise et détend. Elle calme les inflammations, a un effet apaisant sur le système nerveux et atténue les troubles digestifs (nausées de grossesse et irritations gastro-intestinales, par exemple). Attention : une infusion longue fait ressortir de l'amertume.
Préparation : 2 cuillerées à café par tasse.
Laissez infuser 5 à 10 minutes.

Infusion de fleurs de lavande fine

Elle vous apportera détente et bien-être. Ajoutez un peu de miel non pasteurisé et vous aurez une boisson réconfortante et calmante, qui saura vous guider sur les berges du sommeil.
Préparation : 1 cuillerée à café par tasse.
Laissez infuser 5 minutes.

Mélisse

Cette plante au parfum doux et délicieux qui rappelle les journées d'été réduira le stress et l'anxiété et aura un effet sur les insomnies.
Vous pouvez en boire une tasse au coucher, accompagnée de quelques exercices de respiration et de visualisation. Ses vertus en seront renforcées.
La mélisse diminue également les ballonnements et facilite la digestion.
Préparation : 2 cuillerées à café par tasse.
Laissez infuser 5 à 10 minutes.

Pour une bonne digestion

Camomille allemande

Voir p. 185.

Mélisse

Voir p. 46.

Fenouil

Les petites graines de fenouil ont des vertus digestives. Elles soulagent les maux de ventre et les troubles digestifs de toute la famille. Une maman allaitante peut en boire pour apaiser les coliques du nourrisson.
Préparation : 1 cuillerée à café dans une tasse.
Laissez infuser 5 à 10 minutes.

Anis

L'anis agit sur les flatulences, les ballonnements et la paresse digestive en général. Il est également efficace sur la montée laiteuse et a un effet apaisant sur les coliques du nourrisson *via* le lait maternel.
Préparation : 1 cuillerée à café pour une tasse.
Laissez infuser 5 à 10 minutes.

Nutritive et reminéralisante

Ortie

L'ortie est une plante alliée de la santé qui convient à tous les âges. Elle est riche en magnésium, en fer, en calcium, en vitamines C, K, E et du groupe B et en oligoéléments. Reminéralisante et nutritive, cette plante soutient le corps par son action sur les reins, le sang, le système immunitaire et endocrinien. Elle alcalinise l'organisme et apporte de la vitalité avec douceur. Elle vous assistera également durant l'accouchement.

Préparation : 1 cuillerée à soupe de plante par tasse.
Laissez infuser 5 à 10 minutes.
Astuce : préparez une théière de tisane d'ortie le soir (50 g d'ortie par litre).
À déguster au fil de la journée.

Revitalisante et énergisante

Sommités fleuries d'avoine

L'avoine est une plante extraordinaire pour combler les carences et soutenir le corps. Elle le nourrit grâce à sa concentration en minéraux, en oligoéléments et en vitamines. C'est à la fois un tonique majeur du système nerveux et un agent apaisant. C'est pourquoi on la dit équilibrante et fortifiante.

Préparation : 1 cuillerée à café de plante par tasse.
Laissez infuser 5 à 10 minutes.
Buvez une à trois tasses par jour.

Préparation à l'accouchement

Feuilles de framboisier

Très riches en magnésium, en calcium et en fer, les feuilles de framboisier tonifient le muscle de l'utérus et tout le système reproducteur féminin, qui amène l'équilibre dans le corps. Le framboisier favorise également une bonne circulation sanguine. Consommé le dernier trimestre de la grossesse, il nourrit le muscle utérin et le renforce pour qu'il soit prêt pour la naissance.

Préparation : 1 à 2 cuillerées à café par tasse.
Laissez infuser 5 à 10 minutes.

Où se procurer les plantes ?

Il existe de bonnes herboristeries qui font de la vente en ligne, mais vous trouverez également ces plantes dans les magasins d'alimentation naturelle. Si vous avez la chance d'habiter en campagne, renseignez-vous pour savoir s'il n'y aurait pas de lieu de production où vous fournir directement. Et si vous avez un jardin, pourquoi ne pas en cultiver certaines vous-même ?

Ce qui est sûr, c'est que le choix de plantes de qualité vous offrira de meilleurs résultats. Choisissez-les d'origine biologique et odorante, et favorisez des récoltes éthiques et respectueuses de la nature. Autant que faire se peut, préférez les plantes en vrac : vous pourrez ensuite faire vos mélanges et les doser vous-même, selon vos goûts. Idéalement, consommez-les dans l'année qui suit la cueillette.

Astuce naturo

De l'intérêt des collations

L'intérêt des collations de qualité est souvent sous-estimé, surtout en période de grossesse et d'allaitement. Elles jouent pourtant un rôle essentiel au niveau de l'équilibre alimentaire. En effet, une collation sucrée (mais sans sucre raffiné !) en fin de journée (fruits frais ou secs, carré de chocolat noir ou deux à trois boules d'énergie, voir p. 128) favorise la production de tryptophane, acide aminé précurseur de la sérotonine, et améliorera votre sommeil.

Pause réflexion sur mon alimentation

Modifier ses habitudes alimentaires n'est pas toujours facile. Je vous propose ce tableau pour faire un point sur ce que vous aimez, ce que vous n'aimez pas et sur ce que vous seriez prête à changer, doucement, un pas après l'autre.

Les aliments « doudous » et réconfortants dont je ne veux pas me passer	Les aliments que je n'aime vraiment pas	Les aliments nouveaux ou que je ne suis pas habituée à consommer et que je peux envisager d'intégrer plus fréquemment à mon assiette.
•	•	•
•	•	•
•	•	•
•	•	•
•	•	•
•	•	•

N'oubliez pas de faire rimer se nourrir avec plaisir ! Soyez bienveillante envers vous-même et régalez-vous ! Les recettes proposées pour le post-partum sont aussi parfaitement adaptées à la grossesse (voir p. 128).

Prendre soin de soi et de bébé grâce au mouvement

Le mouvement est l'une des grandes clefs pour maintenir un organisme en pleine santé. Il est un des piliers de la naturopathie et de la vie. Durant la grossesse, l'activité physique est à adapter en fonction du stade de la grossesse et des habitudes de la femme enceinte. Marcher une heure par jour est tout à fait adapté et vous bénéficierez de bienfaits régénératifs supplémentaires en allant dans la nature pour vous ressourcer et faire le plein d'énergie.

Les cours de natation prénataux sont aussi une belle manière de prendre soin de soi en lien avec son enfant. Cette pratique soulage le dos sollicité par le poids du bébé. Il existe également des cours de gymnastique douce ou de yoga qui permettent en plus de travailler sur la respiration et la détente.

Les offres sont nombreuses, il suffit de chercher pour trouver chaussure à son pied ! Et cela peut être l'occasion d'essayer une activité physique, d'y prendre goût et, peut-être, de s'y inscrire dans le long terme.

La relaxation

La relaxation au quotidien est une habitude à mettre en place dès que possible puisqu'elle vous procurera de nombreux bienfaits. En effet, apprendre à se relaxer permet de se recentrer sur la respiration pour ramener le calme en soi et donc apporter une détente profonde, diminuer le stress, favoriser les échanges cellulaires et le fonctionnement optimal des fonctions organiques, et engendrer une plus grande réceptivité au niveau du système sensoriel.

LE SAVIEZ-VOUS ?

La respiration consciente a de nombreux bienfaits, notamment, elle :

- aide à rester à l'écoute de son corps et de ses besoins ;
- augmente la vitalité ;
- induit la relaxation ;
- facilite la digestion ;
- permet une bonne oxygénation ;
- améliore la concentration ;
- renforce l'immunité ;
- diminue stress et anxiété ;
- génère un bien-être profond.

La relaxation favorise le développement d'un monde intérieur riche par la visualisation et un travail sur les images mentales. Pratiquer la relaxation est une invitation à visualiser sa vie, à l'imaginer, à la construire, à devenir proactif et à cultiver le positif. Dans le cadre de la grossesse, la pratique de la relaxation-visualisation participe également à la création du lien mère-enfant, ce lien si important pour que le bébé développe la sécurité affective qui lui est nécessaire.

ZOOM

Tisser le lien avec son enfant

S'envelopper de beau de beau et cultiver les pensées positives : la grossesse peut être le moment idéal pour mettre en route une pratique régulière de la relaxation.

S'offrir du temps pour tisser le lien avec son enfant avant qu'il ne naisse et prendre un moment pour soi à travers la respiration et les images mentales est un cadeau inestimable. Je vous propose ici une relaxation issue des séances d'accompagnement que je propose en chant prénatal.

Installez-vous confortablement dans un lieu où vous ne serez pas dérangée. Allongez-vous si vous le souhaitez. Couvrez-vous également, car en se relaxant le corps se détend et on peut ressentir une sensation de froid.

Prenez conscience de tous les points d'appui sur le matelas ou le sol. Prenez une grande inspiration, puis expirez par la bouche, en imaginant que vous soufflez dans une paille. Recommencez deux fois. Allongez l'expiration pour augmenter la détente. Par l'expiration, expulsez les pensées négatives qui vous envahissent.

Mettez-vous au contact des sensations de votre corps. Peut-être pouvez-vous sentir bouger votre bébé. À chaque expiration, vous pouvez imaginer que vous l'enveloppez de couleur. Une couleur douce, qui vous fait du bien. Une couleur de sécurité pour votre enfant.

Puis imaginez un lieu qui vous apaise. Ce peut-être un lieu imaginaire comme un lieu réel (la mer, la montagne, la forêt, etc.). Un lieu à vous, où vous vous sentez bien.

Évoluez dans ce lieu à votre rythme. Sentez les odeurs, mettez-vous à l'écoute des sons, mettez tous vos sens en éveil.

Puis, après un moment, écoutez les sons ambiants et revenez ici et maintenant dans la pièce où vous vous trouvez.

Il est important de se créer un refuge intérieur et positif durant la grossesse. Un lieu rien qu'à vous, où vous pourrez aller vous réfugier par la pensée durant le travail.

Cette relaxation peut se répéter tous les jours. Sa durée peut varier, mais la régularité est importante.

Mettre de la relaxation dans sa vie est une manière de développer l'art du bien-être chaque jour.

Respiration et chant prénatal

> *« Dans le ventre maternel, le fœtus est sensible aux sons, à la voix de son père et de sa mère. Le chant est un moyen privilégié de rentrer en contact avec leur enfant, d'entrer en résonance avec lui. »*
>
> Marie-Louise Aucher, cantatrice et créatrice de la psychophonie

Le chant prénatal est le fruit d'un travail de recherche de Marie-Louise Aucher, qui est intervenue au sein de l'hôpital de Pithiviers dans les années 1970. À cette époque, le Dr Michel Odent et le Dr Frédérick Leboyer œuvraient ensemble pour des conditions de naissance sans violence et respectueuses de la physiologie de l'accouchement et de l'accueil du bébé.

Les objectifs du chant prénatal sont d'accompagner la grossesse, la naissance et le postnatal. À travers cette pratique, c'est le bien-être de la mère, du bébé et du coparent qui est recherché. Le chant prénatal crée le lien dans cette triade et permet de s'approprier cette période de vie si singulière, en y mettant des sons, des chants et de la poésie.

Stimuler la capacité de rêverie

Avant toute chose, il s'agit d'un travail corporel, respiratoire et vocal, qui fait entrer la future mère dans son imaginaire et qui contribue à stimuler sa capacité de rêverie pour son enfant. Le chant permet d'entrer dans le monde imaginaire et émotionnel, celui qui soutient la naissance. En effet une femme n'accouche pas avec son néocortex (cerveau rationnel et analytique) ; c'est son cerveau limbique (cerveau des émotions) qui est à l'œuvre dans ce processus. Grâce au chant, la femme développe la confiance en ses capacités à donner la vie.

Un massage par vibrations

Lorsque la mère chante, cela fait vibrer le bébé : tout son corps est massé, ce qui stimule son développement cérébral. Attention, il ne s'agit pas d'une méthode de stimulation précoce, mais plutôt d'une connexion intime et poétique entre la mère et son enfant. Chanter pour son enfant crée comme un doudou immatériel qui saura également rassurer l'enfant une fois né. En effet l'empreinte sonore qu'il reçoit durant la grossesse aura la capacité de l'apaiser dans les premiers temps de sa vie et au fil de sa croissance.

Ce que l'enfant *in utero* ressent comme agréable – par exemple des séances de chant vécues dans la détente et la joie – pourra être ressenti comme agréable et réconfortant après la naissance, lorsqu'il entendra ces mêmes chansons.

Les balancements liés aux mouvements du quotidien de la maman, associés à ceux proposés lors des séances de chant prénatal, ébauchent les premiers repères de l'enfant dans l'espace. Ces mouvements se répercutent dans son corps et facilitent la circulation des liquides, dont le liquide céphalorachidien. L'être humain étant constitué à 70 % d'eau, cette circulation liquidienne crée une sensation de sécurité chez le fœtus. Ce sont ces balancements connus qui calmeront le bébé lorsqu'il vivra des émotions fortes après sa naissance.

Rythmes et respiration

> *« Ton pied a dansé sur un rythme à toi. Ma main a passé, frôlement de soie. »*
>
> Marie-Louise Aucher, cantatrice et créatrice de la psychophonie

Le rythme fait partie de la vie. Dès la vie intra-utérine, le bébé est bercé par différents rythmes : celui du cœur de sa mère, celui de ses mouvements et celui de la respiration. La pratique du chant prénatal induit une respiration plus ample, consciente et efficace, donc une oxygénation optimale du bébé. Le chant a la capacité de contenir psychiquement un enfant et de participer à son équilibre intérieur.

LE SAVIEZ-VOUS ?

Les effets du chant prénatal chez la maman sont nombreux

- une meilleure conscience du corps et une acceptation des modifications physiques et psychologiques ;
- une vie psychique et un imaginaire riche pour rêver son bébé, prémices du lien d'attachement ;
- la fabrication d'images mentales positives qui soutiennent la visualisation de la grossesse et de la naissance ;
- le développement de la confiance en soi et en ses capacités ;
- l'augmentation de la capacité respiratoire pour une meilleure oxygénation ;
- une détente et une régénération physique et psychique ;
- un travail sur les sons graves pour accompagner l'enfantement et faciliter l'ouverture du col de l'utérus (la présence du père pourra d'ailleurs soutenir et encourager cette pratique en ramenant la maman dans des tonalités plus graves) ;
- une circulation énergétique et lymphatique ;
- des massages internes pour la mère et l'enfant ;
- la création d'un lien particulier entre la triade mère, coparent et bébé.

Dans le répertoire chanté au fil de la grossesse, une chanson d'accueil pourra être proposée aux parents pour le jour de la naissance. Celle-ci aura le rôle de doudou immatériel pour calmer l'enfant et l'accueillir dans le monde. Le chant prénatal se situe dans une approche d'accompagnement holistique. Il s'agit d'une belle aventure où la mère et le coparent rencontrent leur bébé dans son intimité, en le chantant, en le faisant vibrer et danser, pour tisser le lien entre eux et leur tout-petit.

La sophrologie périnatale

« Prends soin de ton cerveau et ton cerveau prendra soin de ton existence. »

Alfonso Caycedo, fondateur de la sophrologie

La sophrologie, qui signifie harmonie de l'esprit, est une pratique psychocorporelle de relaxation. Elle utilise principalement des exercices de respiration et des techniques de visualisation. La sophrologie périnatale est un accompagnement global basé sur le bien-être de la future maman au fil de la grossesse. Cette pratique prépare également à la naissance (notamment la gestion du stress généré par la grossesse ou l'anxiété à l'égard de l'accouchement) et au post-partum. Elle complète très bien un suivi médical classique.

La sophrologie travaille à la fois sur le corps et les émotions, et permet d'intégrer les transformations physiques et psychiques qui ont lieu durant cette période. Cette pratique agit sur les troubles du sommeil comme sur les maux de la grossesse. La future maman apprend à tisser le lien avec son bébé *in utero* et à renforcer sa confiance en soi et en sa capacité à donner la vie et à devenir mère.

Astuce naturo

Les exercices proposés vont permettre l'accent sur :

- l'intégration du schéma corporel et de son évolution au fil de la grossesse ;
- la maîtrise de la respiration ;
- la gestion des vagues émotionnelles de la grossesse.

Les exercices effectués en séance peuvent se pratiquer en autonomie entre deux rendez-vous, ce qui renforcera l'action de la sophrologie.

La sophrologie peut également accompagner la préconception et le post-partum.

Vivre ses émotions en cultivant sa créativité

« La créativité, c'est inventer, expérimenter, grandir, prendre des risques, briser les règles, faire des erreurs et s'amuser. »
Mary Lou Cook, actrice américaine

Tenir un Journal créatif©

Le Journal créatif© est un chemin de découverte qui stimule la créativité et vous révèle à vous-même. Cette approche ludique et introspective vous permet de venir déposer vos émotions et de vous reconnecter à vous-même.

Journal intime non conventionnel, le Journal créatif© tisse trois langages ensemble : l'écriture automatique et créative, le dessin spontané et le collage intuitif. Issu de l'art-thérapie, le Journal créatif© se fonde sur le processus de créativité, non sur le résultat obtenu.

Anne-Marie Jobin, art-thérapeute et pédagogue, est à l'origine de cette approche originale. Ma formation avec elle a été le début d'un beau parcours où la créativité se conjugue au présent, dans tous les domaines de la vie. L'engagement dans ce processus vous offrira un espace où vous poser pour venir exprimer des émotions – que ce soient vos joies ou vos doutes – liées à vos difficultés. Il s'agit d'une invitation à laisser s'exprimer ce qui vit à l'intérieur de vous à travers les mots, les couleurs et les petits papiers.

Le Journal créatif© est votre jardin secret, celui où poussent les fleurs de la gratitude, du rêve, de la créativité et de l'authenticité. Osez le lâcher-prise et la détente dans cet espace de création. Plus votre pratique sera régulière, plus vous en ressentirez les effets positifs. Vous pourrez parfois être surprise de ce qui émergera de vos créations. Prenez rendez-vous avec vous et avec votre bébé, pour vivre la joie et les peines au bout des crayons en plongeant avec délice dans la couleur de vos émotions. Régulièrement, marquez la page et laissez l'empreinte des neuf mois si particuliers de votre grossesse.

Par quoi commencer ?

Offrez-vous un beau carnet aux pages blanches (sans lignes) ainsi qu'une boîte de crayons aquarellables (le *must* !), des feutres, de la colle, un magazine inspirant et un stylo avec lequel vous aimez écrire.

Pour marquer la page au quotidien, prenez conscience de ce que vous ressentez physiquement et émotionnellement.

De manière intuitive, et donc sans trop chercher, choisissez une image en lien avec votre ressenti.

Collez l'image, laissez venir un mot et ajoutez une couleur qui vous fait du bien avec un crayon ou un feutre. Attribuez un titre à votre collage.

Vous pouvez aussi laissez couler les mots sans vous limiter, déchirer ou découper des images et les coller, dessiner... En bref, exprimez ce que vous vivez en mots, en formes et en couleurs.

Si vous devez ralentir le rythme ou rester allongée, tenir un journal vous sera également bénéfique. Cette pratique vous offrira un espace d'expression de vos émotions, qu'il est juste d'extérioriser de cette manière.

En effet, les émotions qui sont source de stress peuvent avoir une répercussion sur la santé physique, le système immunitaire et l'état psychique. D'où l'intérêt de les déposer et de les transformer sur votre journal.

Le blessingway, pour honorer la naissance

« Toute transformation importante commence par une perte qui, si elle est acceptée, permet l'éclosion d'une nouvelle phase de vie. »
Christiane Mispelaere, sage-femme et psychothérapeute en périnatalité

L'intérêt du rituel est de favoriser et d'accompagner les passages d'un état de vie à un autre. C'est oser dire oui à l'inconnu, fouler une terre nouvelle et protéger la vie. Préparer et honorer la naissance par un rituel est aussi important pour la mère et la famille que pour le bébé puisque cette démarche lui permettra de s'inscrire dans une filiation symbolique qui favorisera les liens précoces dont il a cruellement besoin.

Le *blessingway*, qui signifie « chemin de bénédiction », est une fête qui s'inspire librement de la tradition des Navajos (peuple amérindien). En Europe, il est proposé exclusivement aux futures mères, mais dans la tradition navajo, on bénéficie de *blessingway* lors de différents passages de la vie, notamment ceux liés à la croissance et aux responsabilités et statuts endossés. Cette cérémonie a un fort pouvoir spirituel.

En Europe, le *blessingway* est une cérémonie organisée par des femmes, pour la future maman. Les présents sont essentiellement symboliques et offrent à la future maman force et confiance pour son accouchement. C'est une fête où la communauté des femmes prend soin de la future maman. La femme se sent forte et entourée dans ce moment de vie si singulier, en prévision de la naissance de son enfant.

Et les papas ? Dans certains pays, comme la Nouvelle-Guinée et le Japon, ils sont initiés aux responsabilités qu'ils devront assumer à l'arrivée de bébé par d'autres pères expérimentés.

ZOOM
Le rituel du *blessingway*

MATÉRIEL REQUIS

Pour cette cérémonie, vous pouvez apporter :

- des tissus ;
- un fauteuil confortable pour la future maman ;
- des fleurs ;
- un bol d'eau ;
- des bougies.

Sollicitez votre doula (voir p. 90), une amie chère ou une sœur, pour lui confier ce que vous aimeriez vivre lors de ce rituel, qui peut se dérouler en intérieur ou en extérieur, pour vous connecter davantage à la force de la nature.

Florilège de propositions :

- Fabriquez un collier avec des perles apportées par chaque femme.
- Massez les pieds, les mains, le corps de la future maman.
- Faites un arbre ou un bocal à petits mots, pour encourager la future mère et offrez des messages positifs pour la naissance de son bébé.
- Choisissez une laine de la couleur préférée de la jeune maman et faites-en chacune un bracelet, en vous reliant symboliquement les unes aux autres avec le brin de laine, puis coupez-le pour que chacune en conserve un morceau noué à son poignet.
- Choisissez et lisez un conte ou une histoire qui parle de la vie, de la naissance.
- Prévoyez une tisane à partager et des aliments réconfortants et nutritifs comme des fruits secs, des oléagineux, un excellent chocolat ou des mets que la future maman aime particulièrement.
- Pensez à placer des temps de silence, de la lenteur et des espaces de parole où chacune peut venir déposer des mots précieux d'encouragement et d'amour, comme des cadeaux.
- Prévoyez un rituel de début et de fin, par exemple une chanson pour clore le rituel. Si certaines sont musiciennes, elles peuvent ainsi offrir un magnifique bain de sons.

LE POINT DE VUE DE LA DOULA

Un moment pour soi

Anne-Christine Barbequot, doula, autrice et maman

J'aime penser qu'une femme enceinte se prépare à l'enfantement dans les petits et les grands moments. Cela se produit au quotidien par des gestes simples, le souffle, le mouvement, une nouvelle manière de voir le monde et dans des moments d'exception. Le *blessingway* en fait partie. C'est un moment hors du temps, une parenthèse sacrée pour soutenir la femme dans son devenir mère, lui dire combien elle est belle, forte et puissante.

J'ai eu la chance de vivre deux *blessingways* en tant que future maman. Le moment que j'ai le plus apprécié a été le *belly painting*. Peindre son ventre recèle le mystère de l'œuvre éphémère et le transforme en œuvre d'art !

À titre personnel, je n'ai pas choisi de faire réaliser cette œuvre par un·e artiste, même si le résultat est magnifique. Je préférais une œuvre réalisée par des mains sœurs, des mains connues et qui me connaissent, des mains qui soutiennent et aiment, et par les mains de ma fille aînée.

Un moment de sororité, de complicité mère-fille. Un moment de partage quand nos hommes se sont joints à nous, une fois la peinture terminée.

Un moment pour moi, simplement, dans ma présence et mon devenir de mère. Accepter d'être la Reine, de ne rien faire et de se laisser porter : un préambule à l'enfantement !

Les photos ont immortalisé cet événement, mais toutes les cellules de mon corps se souviennent des doigts qui se posent avec amour sur mon ventre et attirent bébé, de la douceur des pinceaux qui effleurent ma peau et font danser la vie.

Un moment puissant qui soutient pendant l'enfantement, dans les mois du post-natal et, bien au-delà, tout au long de la parentalité.

Tisser le lien avant la naissance

« Le fait de penser à son enfant a des conséquences physiques sur lui. Et le bon développement du fœtus dépend de l'attention que sa mère lui porte. »
Jean-Pierre Relier, professeur de médecine et spécialiste en néonatalogie

Le bébé vit souvent dans l'imaginaire de ses parents avant même que la grossesse ne soit réelle. De ce fait, lorsque la femme apprend qu'elle est enceinte, une communication secrète peut se mettre en place entre la mère et son fœtus. Ce lien précoce va progressivement se filer et se tisser dans les profondeurs utérines. La future maman est une fileuse.

Il faut parfois attendre que le fœtus se mette à bouger pour qu'il soit possible de dialoguer avec lui. Il arrive même que la grossesse médicalisée rende ce tissage difficile. Les échographies, qui peuvent être rassurantes, peuvent également générer un stress et déranger les parents dans leur capacité à rêver leur bébé, à cause d'une représentation qui leur semble trop réelle et qui empêche leur imagination de s'envoler.

La mère et son bébé sont connectés durant la grossesse par des liens sensoriels et affectifs. Le fœtus est très sensible aux émotions de sa mère. Il goûte les molécules aromatiques du liquide amniotique, teintées à la fois de ce que mange sa maman et des modifications induites par ses émotions, qui en modifient le goût. Il ressent le stress de sa mère et y réagit à sa manière. Il est également sensible à la relation sensorielle et affective qui va se construire entre eux.

Le sens du toucher est le premier à se développer. Vers l'âge de deux mois, le fœtus ressent des vibrations osseuses et cutanées, et est sensible aux mouvements du liquide amniotique qui le caresse. En provoquant des ondulations du liquide amniotique, la voix de sa mère vient faire comme un massage sur sa peau. Puis, dès la vingt-deuxième semaine, il perçoit les sons par ses oreilles. Le sens du goût se développe par la suite. Le bébé peut alors goûter les molécules aromatiques du liquide amniotique, imprégnées à la fois de ce que mange sa maman et des modifications induites par ses émotions, qui en modifient le goût. On peut dire que l'ambiance affective familiale et le vécu de la maman laissent sur le fœtus une empreinte psychologique durable.

Spontanément, vous allez ressentir l'envie de caresser votre ventre et de parler à votre bébé pour créer le lien avec lui. Votre voix, qui tisse un cocon doux et réconfortant, aura la capacité de le rassurer une fois qu'il sera né.

Il existe des accompagnements spécifiques qui favorisent le tissage de ce lien.

LE POINT DE VUE DE L'HAPTONOME

L'haptonomie, une approche extraordinaire[1]

Virginie Mandin Derobe, haptonome

La découverte

J'ai découvert l'haptonomie dans les années 1980, grâce à un article. J'ai tout de suite aimé ce que j'ai lu, sans en savoir beaucoup plus. J'ai ensuite expérimenté cette approche pour chacune de mes grossesses et pour chacun de mes enfants en post-partum. J'ai pu vivre et vérifier l'importance primordiale de l'écoute de l'Être, qui est le fondement de cette pratique.

En tant que parents, mon conjoint et moi avons pu expérimenter l'accompagnement d'un enfant différent et la reconnaissance de cet Être avec l'haptonomie. Notre fille est porteuse de trisomie 21. Elle évolue à un rythme qui lui est propre. Nous avons constaté qu'elle avait les mêmes compétences que n'importe quel être humain et communiquait également *in utero*.

Il a été facile d'accueillir son rythme, puisque nous l'avions déjà fait durant ma grossesse, sans connaître sa particularité. Pour nous, celle-ci n'est pas un handicap, mais bien un regard que pose la société sur une différence. Bien sûr, ses acquisitions ont été plus lentes : elle faisait les choses à sa manière, pas comme on s'y attendait, mais elle les faisait ! Cette expérience de vie forte a fini par me convaincre de la puissance, de la douceur et de la justesse de ce que proposait l'haptonomie.

1 L'haptonomie est définie comme la science de l'affectivité. Inventée par le médecin chercheur Frans Veldman, un homme profondément humain, elle prend en compte l'intégralité de la personne.

Cela fait aujourd'hui plus de 20 ans que j'œuvre auprès de couples qui attendent un enfant ; je les vois pendant la grossesse et après, avec le bébé. Le post-partum est souvent mal connu. C'est pourtant une période riche pour la rencontre entre les parents et le bébé. Cette pratique me porte et imprègne tout ce que je fais car, comme mon professeur se plaisait à le dire : « C'est une science de la vie et du vivant ».

Que cherche fondamentalement cette science de la vie ? Je ne vais pas faire ici une démonstration savante ou utiliser des mots pompeux ; j'ai juste envie de vous faire partager mon expérience auprès des parents, ce que j'ai pu constater. L'haptonomie cherche avant tout à mettre chacun·e en contact avec ses compétences d'Être.

Pendant la grossesse, elle met les parents en contact avec eux-mêmes. Elle permet de mettre le couple ensemble, puis autour du bébé *in utero*, avec le bébé à sa naissance, de les accueillir dans cette nouvelle fonction parentale qui s'ouvre à eux avec l'arrivée de cet enfant.

Les questions, les peurs, les joies, les désirs, les envies, la réalité, tout cela vient se bousculer aux portes de leur cœur, de leur esprit, mais aussi de leur éducation, de la société, de leurs familles, de leurs conditionnements, de leurs idées, leur vie d'avant.

C'est leur permettre d'amorcer le processus au fil de la grossesse et d'intégrer peu à peu que ce bébé de rêve et d'imagination, qu'ils aiment déjà, va prendre corps. C'est donc déjà ouvrir les parents à comment construire une relation avec ce bébé en devenir, l'accompagner dans sa construction, dans sa confiance, dans sa sécurité de base. Car c'est bien de cela qu'il s'agit, de la sécurité !

Pour les parents

- C'est faire grandir ou asseoir la confiance des parents, dès la grossesse ; leur assurer qu'ils savent écouter, sentir, ressentir, communiquer avec leur bébé alors qu'il est encore dans l'utérus maternel.
- C'est les éveiller aux capacités sensorielles de communication du fœtus, qui est en totale et parfaite écoute du monde – intra utérin bien sûr, mais aussi extra utérin – avec des sens immatures, si on les compare aux nôtres, mais aussi très développés, comparés à ceux que nous avons perdus ! Le fœtus perçoit tout ce qui l'environne avec son corps, sa peau essentiellement.
- Ouvrir la sécurité des parents, c'est aussi leur faire toucher, pendant la grossesse et encore plus après, leurs capacités à accueillir, accompagner, comprendre, aimer, soigner, guider cet Être humain, qui est certes leur enfant, mais qui est un Être à part entière, diffèrent d'eux.
- C'est les ouvrir à l'observation pour qu'ils sentent, perçoivent et comprennent les besoins fondamentaux, les attentes, les regards, les babillements, et surtout, les compétences de cet Être qui découvre notre vie terrestre.

Pour le bébé

- En commençant à communiquer avec lui durant la grossesse, les parents ouvrent le bébé à un échange privilégié avec eux (ou ses référent·es proches).
- Le fœtus se met en lien avec ses capacités de communiquant puisque celles-ci sont reconnues et mises en action.
- Il construit peu à peu sa confiance en lui et en ses parents, ainsi que sa sécurité de base, celle sur laquelle il va pouvoir s'appuyer pour grandir et découvrir le monde par la suite, car il se sait soutenu et accompagné.
- En post-partum, le nouveau-né est invité à explorer ses compétences dans les gestes du quotidien avec ses parents (ou avec les personnes qui s'occupent de lui), qui lui permettront de progressivement gagner en autonomie.
- Le bébé découvre son schéma corporel et les aptitudes qui vont avec ce corps. Il va découvrir qu'il peut bouger, se tourner, saisir, porter à sa bouche, ramper, s'asseoir, se mettre debout, se déplacer à quatre pattes et enfin marcher.
- En plus de ses compétences physiques, l'enfant va aussi développer ses compétences cognitives parce que les parents ne vont ni anticiper ses acquisitions, ni les freiner, pour permettre à l'enfant de découvrir ce qu'il peut faire par lui-même, à son rythme, et ainsi faire grandir sa confiance en lui et sa sécurité à explorer.

La naissance

Les contacts établis avec le bébé durant la grossesse permettent aux parents comme à l'enfant d'avancer tranquillement vers la naissance. Si l'haptonomie n'est pas une préparation à la naissance au sens strict du terme, elle invite à entrer dans ce processus progressivement, car le mot accompagnement prend aussi tout son sens durant l'accouchement pour la maman – et le coparent – et la naissance pour le bébé.

L'haptonomie accompagne cette transition autant pour les parents – surtout la maman, qui est en symbiose physique, émotionnelle, psychique, voire spirituelle pour certaines – que pour le bébé qui change de monde : il passe de l'eau à l'air, de la dépendance à l'indépendance, du contentement au manque, du chaud au froid, du clair-obscur à la lumière... Bref, il arrive, et ses parents, qui lui ont parlé, qui l'ont touché, avec qui il a communiqué, sont là ! Ils accompagnent tout le processus pour le guider, le rassurer, le réconforter, l'encourager à braver cette tempête inédite pour lui.

Il s'agit d'accompagner cette urgence à naître à ce monde nouveau, à cette rencontre avec ses parents, à lui-même et à sa vie terrestre.

L'haptonomie est un vaste monde d'exploration, car elle ouvre chacun·e de nous, petit en devenir, bébé, enfant et adulte à nos qualités d'Être à agir par nous-mêmes, elle met en valeur nos compétences individuelles pour interagir avec les autres et avec le monde, dans le respect des spécificités de qui nous sommes et de chaque Être humain.

Élaborer un projet de naissance à son image

La rédaction d'un projet de naissance s'inscrit dans une coconstruction entre l'équipe médicale et vous-même. Les équipes connaissent leur travail et il s'agit plutôt de les informer de ce qui est important pour vous. Privilégiez le dialogue, qui est toujours le chemin le plus simple vers une compréhension mutuelle.

L'élaboration du projet de naissance vous permet de vous projeter et de vous poser des questions. Que souhaitez-vous mettre en place et vivre pour la mise en route du travail ? Quel accompagnement désirez-vous dans le déroulement du travail ? Souhaitez-vous pouvoir bouger et prendre les postures que vous sentez justes ? De quelle manière souhaitez-vous accueillir votre bébé ? Voulez-vous lui offrir la tétée d'accueil ? Attendre pour couper le cordon ? Qu'envisagez-vous pour la suite, une sortie précoce ? Rester trois ou quatre jours à la maternité, le temps de vous sentir rassurée ?

Bien sûr la réalisation de vos souhaits sera conditionnée par la manière dont va se dérouler la naissance, par votre état de santé et celui de votre bébé, par les conditions sanitaires, etc. Mais il est pertinent de vous interroger et de faire des recherches pour imaginer l'accouchement que vous souhaiteriez vivre.

Préparatifs et valise naturo : les indispensables

La question de la valise se pose souvent. Qu'avez-vous vraiment besoin d'emporter à la maternité ? Voici quelques pistes, pour vous aider à faire votre baluchon !

Pour bébé

Votre enfant aura besoin de vos bras et de :

- **6 langes en coton préalablement lavés pour assurer une utilisation optimale ;**
- **6 pyjamas confortables ;**
- **6 bodies ;**
- **3 brassières en laine**
- **4 paires de chaussettes ou chaussons ;**
- **un petit bonnet pour lui conserver sa chaleur, car à la naissance il régule très mal sa température ;**
- **une turbulette souple et douillette.**

Pour la maman

Je vous invite à emporter :

- votre projet de naissance ;
- une tenue confortable pour l'accouchement et des chaussettes chaudes ;
- une playlist à mettre pendant le travail ;
- une petite bougie à LED ;
- des huiles essentielles qui vous font du bien (lavande ou rose, par exemple) ;
- un diffuseur ;
- un flacon d'huile « accouchement harmonieux » de chez Pranarôm, à appliquer en massage, dès le début du travail, sur les poignets, le plexus solaire et le bas du dos, afin de diminuer les tensions, et de vous apaiser tout en vous donnant de l'énergie ;
- vos fleurs de Bach pour vous soutenir avant, pendant et après cette aventure ;
- un hydrolat de lavande ou de rose ou un brumisateur classique ;
- un rebozo ou un châle pour des postures de suspension et pour le serrage du bassin ;
- une bouteille d'eau avec une paille ou un bec verseur (facile à utiliser sans en verser à côté) ;
- des mouchoirs ;
- une bouillotte et une Thermos® avec de l'eau chaude ;
- des élastiques à cheveux ;
- un flacon de *Rescue*® (fleurs de Bach) à prendre en cas de grosses émotions pendant le travail ou après la naissance ;
- un plaid pour ne pas avoir froid ;
- votre ballon avec la pompe et l'embout au cas où votre maternité n'en ait pas de disponible ;
- une tenue ample et conformable pour l'accouchement, une grande chemise boutonnée sur le devant ou un paréo pour vous envelopper dedans ;
- des chaussettes pour ne pas avoir froid ;
- quelques tenues confortables pour votre séjour à la maternité, qui soient pratiques pour allaiter (si vous n'aimez pas rester en chemise de nuit ou en pyjama, choisissez des vêtements en coton, souples dans lesquels vous vous sentez bien et jolie) ;
- un châle douillet pour vous emmitoufler ;
- des slips ou filets jetables pour après la naissance ;
- une ou plusieurs brassières ou soutiens-gorge d'allaitement ;
- des coussinets d'allaitement en laine et soie ;
- une huile pour le corps pour vous masser et protéger votre peau (l'huile de rose musquée, très douce et agréable, prend soin de votre féminité) ;
- vos produits de toilette habituels, sauf votre parfum, qui est déconseillé dans les premiers temps de l'allaitement ;
- des snacks pratiques à grignoter, comme des fruits secs et/ou des oléagineux (il est possible que vous ayez faim durant le travail ou après la naissance et que les plateaux repas ne comblent pas vos besoins et envies) ;
- de quoi boire, de l'eau et /ou un mélange énergisant à base de plasma de quinton et de jus de citron (voir recette p. 90) ;
- une veilleuse pour créer une ambiance douce lors des soins de nuit ;
- un porte-bébé souple et facile à utiliser pour faire du peau à peau, par exemple ;
- une petite bouteille avec un gicleur pour aller aux toilettes après la naissance (voir p. 126) ;

Le coparent peut également emporter un vêtement de rechange, un encas (fruits secs et oléagineux) et des fleurs de Bach pour accompagner les émotions du travail et de la naissance.

3

La naissance

Danser sur les vagues

La naissance est une sorte de grand tourbillon. La physiologie de l'accouchement compte plusieurs phases. Depuis la nuit des temps, les femmes enfantent l'humanité. Le corps de la femme sait donner la vie, mais il lui faut des conditions particulières et respectueuses pour qu'il puisse faire ce qu'il sait faire.

Je ne prétends pas que c'est facile. Le vécu dépend d'un grand nombre de facteurs : sa propre histoire, les peurs sous-jacentes ou clairement énoncées et le sens que l'on donne à ce passage en font partie, mais il y en a bien d'autres. D'où l'importance de travailler sur soi, de questionner l'évidence et de se préparer durant la période prénatale. Car c'est là un chemin incontournable, un processus profondément transformateur, et cela quelle que soit la manière dont se passe la naissance.

Les conditions favorables au déroulé de l'accouchement sont :

- le sentiment de sécurité de la femme ;
- des lumières tamisées ;
- le respect de l'intimité de la femme ;
- la limitation des interventions verbales et physiques pour laisser la femme dans son monde, qui n'est pas tout à fait celui des personnes autour ;
- le respect de son besoin de se mouvoir et de choisir ses positions ;
- la chaleur (veillez à avoir bien chaud en prévoyant des chaussettes et de quoi vous couvrir, si besoin).

S'ouvrir à l'inconnu

Progressivement, au cours du troisième trimestre, la femme change d'état de conscience. Elle se laisse glisser vers une sorte d'ailleurs qui lui permet de se projeter dans la mère qu'elle est en train de devenir pour ce bébé-là. Les semaines qui précèdent la naissance, le corps de la femme se prépare d'une manière très subtile.

Quand les conditions sont favorables, l'utérus va bourgeonner de récepteurs à ocytocine, pour être prêt à tomber en amour pour son bébé le jour J. Pour cela il est important que la femme puisse s'intérioriser, faire des choses qui lui font plaisir, préparer son nid, recevoir beaucoup de tendresse et d'amour, faire une provision de jolis moments, se détendre, s'épanouir... en un mot, être !

On n'accouche pas avec son intelligence rationnelle. On accouche avec son cerveau limbique, le cerveau des émotions et des instincts. Il est important de comprendre cela pour saisir pourquoi la femme va parfois chercher à se cacher, à produire des sons et se trouver dans un état de conscience modifiée.

Le nid est prêt, le bébé va pouvoir naître et, le moment est venu, il sécrète une hormone qui donne le top départ. La femme suit. Elle accepte alors de plonger dans l'inconnu et de danser sur l'intensité des contractions.

La naissance est une danse qui invite au mouvement, une danse de la vie, souple et mobile. N'hésitez pas à inscrire votre besoin de mouvement dans votre projet de naissance. Instinctivement, laissez-vous guider pour trouver les postures qui vous conviennent, celles dans lesquelles vous pourrez vous laisser traverser par les vagues de contractions.

Lisez et informez-vous : peut-être que le bain sera pour vous d'une grande aide, à moins que vous ne préfériez le ballon ou les suspensions. Peut-être même que ce sera une combinaison des trois. On ne sait jamais à l'avance comment se fera ce chemin de naissance. L'accouchement est une invitation à plonger dans l'inconnu pour ouvrir le passage à travers lequel votre bébé se frayera le chemin jusqu'à vous.

TÉMOIGNAGE

Préparation au moment sacré qu'est l'enfantement

Et si, au lieu d'être synonyme de douleur, l'accouchement était synonyme de transcendance ?

D'abord, me renseigner : connaître toutes les étapes de ce mystère pour ne pas être surprise et accueillir ce qui vient.

Ensuite, retrouver la confiance en mon corps, en mes ressentis, en mes capacités de Femme et de Mère à donner la vie. Me rassurer dans mes compétences ancestrales, qui sont au plus profond de moi.

Puis, m'assurer un soutien inconditionnel. De mon Homme, de ma Doula, de ma Sage-femme. Ils seront mes phares pendant la tempête. Ils croiront en moi quand je douterai.

Enfin, organiser ma sécurité extérieure en nourrissant tous mes sens pour que ma sécurité intérieure soit assurée.

Me voilà prête à accueillir l'intensité, à plonger dans les vagues.

Elles me bousculent, me roulent dans tous les sens. Il n'y a plus d'espace, plus de temps. Je flotte dans le présent et mon corps n'est qu'intensité. J'accueille chaque vague, mais comment ne pas me noyer dans ces sensations ?

M'en remettre à plus grand que moi, dans une humilité et un lâcher-prise sans précédent. Laisser faire et accueillir ce qui vient. Toucher l'éternité et accueillir mon enfant, qu'une force vitale pousse au-delà de mes limites corporelles.

Puis le temps linéaire reprend sa place, tous les morceaux de mon corps se retrouvent et donnent forme à une nouvelle Femme : une Mère. Je ne suis plus la même femme qu'avant. Ce passage me transforme à tout jamais. Je suis plus forte, plus puissante. De cette puissance douce et ancrée qui avance et soutient mon enfant.

Anne-Christine Barbequot, maman, doula, autrice

ZOOM

Les fleurs de Bach pour préparer l'accouchement

La naissance approche, votre ventre est rond et lourd. Avec un mélange de hâte et d'anxiété, vous vous plongez dans votre bulle pour préparer le corps et l'esprit. Voici quelques fleurs de Bach pour vous accompagner.

Aspen
(tremble)
Il vous aidera si vous ressentez un sentiment d'appréhension global et d'inquiétude générale face à la naissance.

Mimulus
(mimule)
Il est parfait pour les peurs clairement identifiées (moins fortes que celles concernées par Rock rose).

Rock rose
(hélianthème)
Il vous apaisera si vous êtes en proie à des pensées terrifiantes en lien avec l'accouchement.

Walnut
(noyer)
Il accompagne les changements liés à la naissance. Le noyer permet d'aborder une nouvelle phase de vie avec sérénité.

White chestnut
(marronnier blanc)
C'est la fleur idéale pour apaiser les pensées qui s'agitent et tournent en rond sans vous laisser en paix. Elle ramène le calme et la paix dans l'esprit.

Vous pouvez prendre les fleurs séparément ou en combiner jusqu'à sept différentes dans un flacon (voir p. 37).

En complément, l'huile essentielle de rose de Damas, à respirer sur un stick inhalateur, peut apporter calme et sérénité et permet de vous connecter à votre féminité et à votre force. Appliquez 1 goutte sur le plexus solaire pour reprendre confiance en vous-même. Massez doucement en faisant des mouvements circulaires.

Astuce naturo

Huile essentielle de rose : un réconfort subtil et précieux

L'huile essentielle de rose est une des huiles les plus chargées de sens et de subtilité sur le plan symbolique. Très raffinée et rare, elle est réconfortante et aide psychologiquement les femmes à passer les étapes charnières de leur vie. Cette huile est certes onéreuse, mais elle constitue un beau cadeau pour une future maman, en préparation de l'accouchement.

Message à l'adresse du coparent

Votre rôle est d'encourager la future maman et de l'envelopper de paroles positives et de beauté. Essayez autant que possible de ne pas vous laissez aller à des peurs anxiogènes : protégez votre femme, votre compagne. Cette attitude d'encouragement est valable durant tout le travail, mais plus encore au sommet, lorsque la femme qui accouche a besoin de sentir un soutien indéfectible. Il n'y a qu'elle qui peut vivre cela, alors enveloppez-la de tout votre amour, de toute votre tendresse et de votre inestimable présence ; mettez-les à son service et répondez à ses besoins.

Ce n'est pas une place facile, j'en ai conscience, mais c'est indispensable. La place du deuxième parent n'est pas toujours aisée à trouver lors de la naissance. Il faut se réinventer, car tout est nouveau : la naissance est un chamboulement pour les deux parents. D'où l'importance de la présence d'une doula, lorsque les conditions sont réunies pour qu'elle ait accès aux salles d'accouchement. Sa présence bienveillante soutient tout autant le coparent.

L'un contre l'autre

Une fois le bébé né, il est déposé sur sa mère.
Cette pratique a de nombreux bienfaits, car cela :

- augmente la sécrétion d'ocytocine ;
- favorise l'expulsion du placenta ;
- diminue les saignements ;
- contribue à la construction du lien mère-enfant ;
- calme la mère et apaise le bébé dans son processus d'adaptation à la vie terrestre.

Spray rafraîchissant pour les journées d'été ou le jour de l'accouchement

- 50 ml d'hydrolat de rose
- 1 goutte d'HE de bergamote
- 1 goutte de lavandin

Mettez le mélange dans un flacon pulvérisateur. Conservez au frais et secouez avant l'utilisation.
Variante : vous pouvez également choisir un hydrolat de menthe. Très rafraîchissant, il soulage les femmes au moment des contractions.

La doula, une présence rassurante

La doula est une amie, une parente, une femme choisie par le couple pour les accompagner de manière non médicalisée sur le chemin de la maturité, de la naissance et de l'après-naissance. Aujourd'hui, la plupart des doulas ont une formation qui leur permet de répondre au plus juste aux demandes et aux besoins des parents. Au-delà des formations, ce qui nous différencie chacune, ce sont nos personnalités, nos chemins de vie, les valeurs et les couleurs que nous portons. Il y a autant de doulas que de femmes ! Vouloir se faire accompagner par une doula est un vrai choix, une décision en conscience.

Les accompagnements se bâtissent sur mesure, les liens se tissent et la confiance se développe durant la période prénatale. Il est parfois plus facile de questionner sa doula, de la rappeler, de lui demander du soutien, que de faire de même avec une sage-femme ou un·e gynécologue obstétricien·ne, qui sont souvent débordé·es. La doula ne se situe pas à la même place que le personnel médical, mais leurs rôles sont complémentaires. La doula soutient la femme dans sa capacité à développer sa confiance en elle, à faire ses choix pour donner naissance à son enfant. Elle est également là pour le coparent, qui a parfois du mal à trouver sa place et qui a peu d'espace pour poser ses questions. La doula propose un accompagnement personnalisé qui correspond aux besoins et aux envies du couple. Cette démarche s'élabore ensemble, au fil des rencontres.

Boire et manger pendant le travail

L'accouchement est un effort physique intense. Certaines femmes ressentent le besoin de manger et de boire. D'autres en revanche ont l'estomac qui se contracte à la seule idée d'avaler quelque chose.

Emportez néanmoins avec vous des fruits secs, des oléagineux, des fruits et ce qui vous fait envie. Chacune étant différente, les choix sont vastes !

Boisson énergisante

Elle vous redonnera la force dont vous aurez besoin et vous hydratera par la même occasion.

Dans un litre d'eau, diluez le jus d'un citron pressé et une à deux cuillerées à café bien remplies de miel non pasteurisé. Ajoutez une ampoule de plasma de Quinton hypertonique. Préparez-le dans une grande bouteille et remplissez un contenant dans lequel il vous sera facile de boire, avec une paille, par exemple. Buvez ce mélange énergétique tout au long du travail.
Le plasma de Quinton hypertonique est une solution revitalisante contenant tous les oligoéléments dont a besoin l'organisme. C'est un concentré de l'eau marine qui a un pouvoir régénératif pour le corps et pour l'esprit.

ZOOM

Le placenta et le cordon ombilical

Durant la grossesse, le placenta, un organe issu des mêmes cellules que le fœtus, le relie à sa mère par l'intermédiaire du cordon ombilical. Le placenta s'implante sur la paroi utérine. Il assure plusieurs rôles pour le bébé : la respiration, l'alimentation, la production d'hormones et l'élimination des déchets.

Lorsque le bébé vient au monde, il est toujours relié à son placenta par le cordon ombilical. Puis le placenta se détache de la paroi utérine maternelle, à la reprise des contractions, pour être expulsé par voie basse de manière naturelle 15 à 20 minutes après la naissance du bébé.

Le coparent est souvent invité à couper le cordon qui « sépare le bébé de sa mère ». Or c'est surtout du placenta, à travers lequel il a été nourri pendant neuf mois, que le bébé est brusquement séparé. Le placenta appartient à l'enfant puisqu'il est issu des mêmes cellules embryonnaires dont il s'est différencié pour devenir fœtus.

Le clampage (action de couper la circulation de sang dans le cordon ombilical) peut se faire à différents moments. Lorsque la situation est optimale, il n'y a aucune urgence à clamper le cordon. Le clampage est dit « précoce » s'il est effectué dans les 60 premières secondes de vie du bébé. On le dit « tardif » lorsqu'il est effectué plus d'une minute après la naissance. Or l'Organisation mondiale pour la santé recommande d'attendre trois minutes avant de clamper le cordon. S'il est possible d'attendre que le cordon ait fini de battre, les avantages sont majorés.

Frédérick Leboyer, défenseur des naissances physiologiques et de l'accueil de respectueux des bébés, écrivait en 1974[1] : « La nature fait en sorte que, pendant le passage périlleux qu'est la naissance, l'enfant soit oxygéné deux fois au lieu d'une : par ses poumons et par son cordon. Deux systèmes fonctionnent ensemble, l'un prenant le relais de l'autre : l'ancien, le cordon, continue d'oxygéner l'enfant jusqu'à ce que le nouveau, les poumons, ait pleinement pris la relève. » Dans ses travaux, il a notamment mis en lien l'influence positive du clampage tardif du cordon sur l'adaptation du nouveau-né à la vie terrestre.

Pourquoi clamper tardivement le cordon ?

À la naissance, environ un tiers du volume sanguin du bébé se trouve encore dans son placenta. Or il a besoin de ce sang pour s'adapter à la vie terrestre et se remettre de ce passage vital et essentiel qu'est la naissance. Les bébés dont le cordon est clampé tardivement sont mieux oxygénés et rosissent joliment.

Bénéfices d'un clampage tardif du cordon :

- Cette pratique atténuerait le stress métabolique de la naissance, qui peut être très violente pour un bébé. En effet, il a besoin de douceur, de chaleur et d'enveloppement et le froid est une source de stress.
- On constate une augmentation de la quantité de fer dans le sang. Le fer participe au développement du cerveau et du système nerveux central du bébé. Il jouerait un rôle dans la prévention de l'anémie à six mois de vie du bébé.
- L'augmentation des globules rouges de 50 à 60 % permet au bébé d'être mieux oxygéné, ce qui a également un lien direct sur le cerveau. L'augmentation du volume sanguin total offre ainsi une transition respiratoire plus douce, donc une adaptation néonatale optimale.

Il n'y a conséquemment aucune urgence à couper le cordon. Les parents peuvent le mentionner sur leur plan de naissance. D'ailleurs, dans le cas d'un accouchement physiologique sans complications, il est important de prendre le temps d'accueillir le nouveau-né et de respecter ces instants suspendus que sont la rencontre entre le bébé et ses parents, tous trois imbibés d'ocytocine. Cette démarche participe également à la préservation du lien précoce parents-enfant(s), parfois si fragile et ténu, si merveilleux lorsque l'on peut assister au filage invisible de cette connexion magique. Une famille est en train de naître.

1 Frédérick Leboyer, *Pour une naissance sans violence*, Paris, Seuil, 1974, 1980.

Le placenta lotus

Cette pratique consiste à ne pas couper le cordon, laissant ainsi le bébé relié à son placenta, et à attendre qu'il sèche et tombe de lui-même (entre trois et six jours après la naissance, en moyenne). Une fois le bébé né et le placenta expulsé, celui-ci est placé dans un bol auprès de la mère. L'objectif est d'optimiser le transfert de sang entre le bébé et son placenta, offrant ainsi au nouveau-né les bienfaits du clampage tardif du cordon (voir plus haut).

Mais le placenta lotus ne se limite pas à ces aspects pour la santé du bébé. En effet la démarche, pour les parents qui choisissent de le pratiquer, est beaucoup plus profonde et revêt une dimension spirituelle. À travers l'histoire et les cultures du monde entier, le placenta bénéficie d'un statut symbolique et sacré singulier. Il y aurait un lien puissant entre le bébé et son placenta, qui serait une représentation physique de son âme. Permettre au bébé de se détacher naturellement de son placenta, lorsque le cordon est sec, lui permettrait de s'incarner pleinement dans son corps physique.

Dans certaines croyances, le placenta est désigné comme une sorte de jumeau du bébé. C'est pourquoi le traitement du placenta requiert des soins tout particuliers. Il peut être enterré sous un arbre particulier ou mis dans une urne après avoir été réduit en cendres. Le lien entre l'enfant et son placenta est perpétué dans les soins dispensés à son arbre. D'ailleurs, la forme même du placenta s'apparente à celle de l'arbre puisque et, durant la vie intra-utérine, tel un arbre solide, il nourrit la vie de l'enfant à naître.

On peut par ailleurs faire fabriquer des granules spécifiques pour l'enfant à partir de son placenta. Ces granules vont augmenter son système immunitaire. C'est ce que l'on nomme l'« isothérapie placentaire ». Certains laboratoires, en Suisse ou en Belgique, proposent la fabrication de ces granules.

Il est également possible de faire une empreinte qui laissera à jamais une représentation imagée du placenta.

L'empreinte placentaire : un rituel à effectuer à la naissance

Le placenta a une grande valeur symbolique et il peut être important pour vous d'en conserver une trace. Si vous souhaitez faire ce rituel, mentionnez-le dans votre projet de naissance.

Si vous vous faites accompagner par une doula (voir p. 90), elle pourra s'en charger. Certaines sages-femmes, sensibilisées à cette approche, pourront également vous soutenir dans cette démarche. Il faut juste prévoir le matériel.

L'empreinte placentaire

Prévoyez de grandes feuilles de papier épais et des gants à usage unique.

Quand le médecin ou la sage-femme ont examiné le placenta pour s'assurer qu'il est bien complet, vous pouvez faire votre empreinte.

Essuyez-le un peu le sang s'il y en a beaucoup afin de faire une empreinte la plus fine possible.

Appliquez le placenta sur la feuille la face fœtale du placenta — c'est-à-dire l'endroit où le cordon est inséré et où les vaisseaux sanguins dessinent des ramifications comparables à des branches. Si vous avez plusieurs feuilles vous pouvez réaliser plusieurs empreintes.

Vous aurez ainsi la trace du placenta de votre bébé et pourrez l'encadrer, si vous le souhaitez.

TÉMOIGNAGES

Charlotte, maman de trois enfants, doula

Pour la naissance de Tao, nous avons choisi de pratiquer le placenta lotus. C'était très important dans le processus d'évolution de mes enfantements.

Après une première naissance très difficile, une deuxième est venue apaiser ce vécu par un accouchement plus naturel et un maternage proximal.

Pour cette troisième naissance, j'ai eu besoin d'aller au bout de ce que je considérais comme primordial. Ce placenta lotus s'inscrivait dans une démarche spirituelle, et j'avais en outre connaissance des bienfaits de cette pratique pour la santé de notre bébé. Je souhaitais offrir à notre enfant la possibilité de s'incarner sur cette terre en douceur, en respectant ce processus de détachement d'avec son placenta, à son rythme à lui.

Notre fille aînée a participé au rituel quotidien du placenta : choisir un linge propre pour le placenta, y placer le sel de l'Himalaya, les plantes séchées (sauge, lavande et romarin) et les pierres semi-précieuses (une pour chaque chakra).

Tao est un bébé très calme et serein avec une présence singulière au monde dans ses périodes d'éveil. Plus tard, nous irons enterrer le placenta et nous planterons un noyer.

Magalie, maman de trois enfants, doula,
créatrice du podcast *Mum authentic*

Les trois mots qui définissent ce vécu extraordinaire de placenta lotus avec notre dernière fille sont : liberté, générosité et authenticité.

Cette pratique du placenta lotus s'est imposée comme une démarche de couple afin d'honorer la naissance, le post-partum et le processus d'incarnation de notre enfant. Par cette grossesse et la naissance physiologique qui l'a suivie, j'ai eu la sensation de naître à moi-même. Ce fut une aventure très forte, vécue en famille.

Le corps de la femme juste après la naissance

Après l'accouchement par voie basse, le bassin est ouvert. La femme se trouve dans un état de grande vulnérabilité psychique et émotionnelle. Les tissus sont étirés et peu toniques : l'utérus pèse un kilo et muscles et ligaments ont besoin de temps de récupération pour retrouver leur tonicité et leur efficacité dans le soutien physiologique.

LE SERRAGE DU BASSIN, UN GESTE JUSTE QUI SOULAGE

Le serrage du bassin va soulager la nouvelle maman. En effet la symphyse pubienne, le sacrum, les hanches et/ou le périnée peuvent être douloureux. Cette petite manœuvre est facilement réalisable à deux, sur la table d'accouchement, une fois que les soins à la maman sont finis. On peut utiliser une alèse ou un rebozo (voir p. 40), si on en a un. Il s'agit de placer l'alèse ou le rebozo au niveau du bassin de la maman, d'échanger le morceau de tissu que l'on tient avec celui de la deuxième personne et de serrer en croisant l'étoffe et en la tournant. Le tissu fait une vrille. Vous pouvez ensuite relâcher délicatement d'un côté pendant que l'autre personne tire sa partie tout en douceur, puis inverser, pour créer un mouvement de balancement doux. Cette manipulation soulage la douleur et la sensation de vide que la mère peut ressentir après l'accouchement.

Dans les temps qui suivent la naissance, une écharpe ou un rebozo noué autour du bassin soulage le corps et soutient le ventre, sans empêcher les muscles de faire leur travail, ce qui rend le quotidien plus confortable.

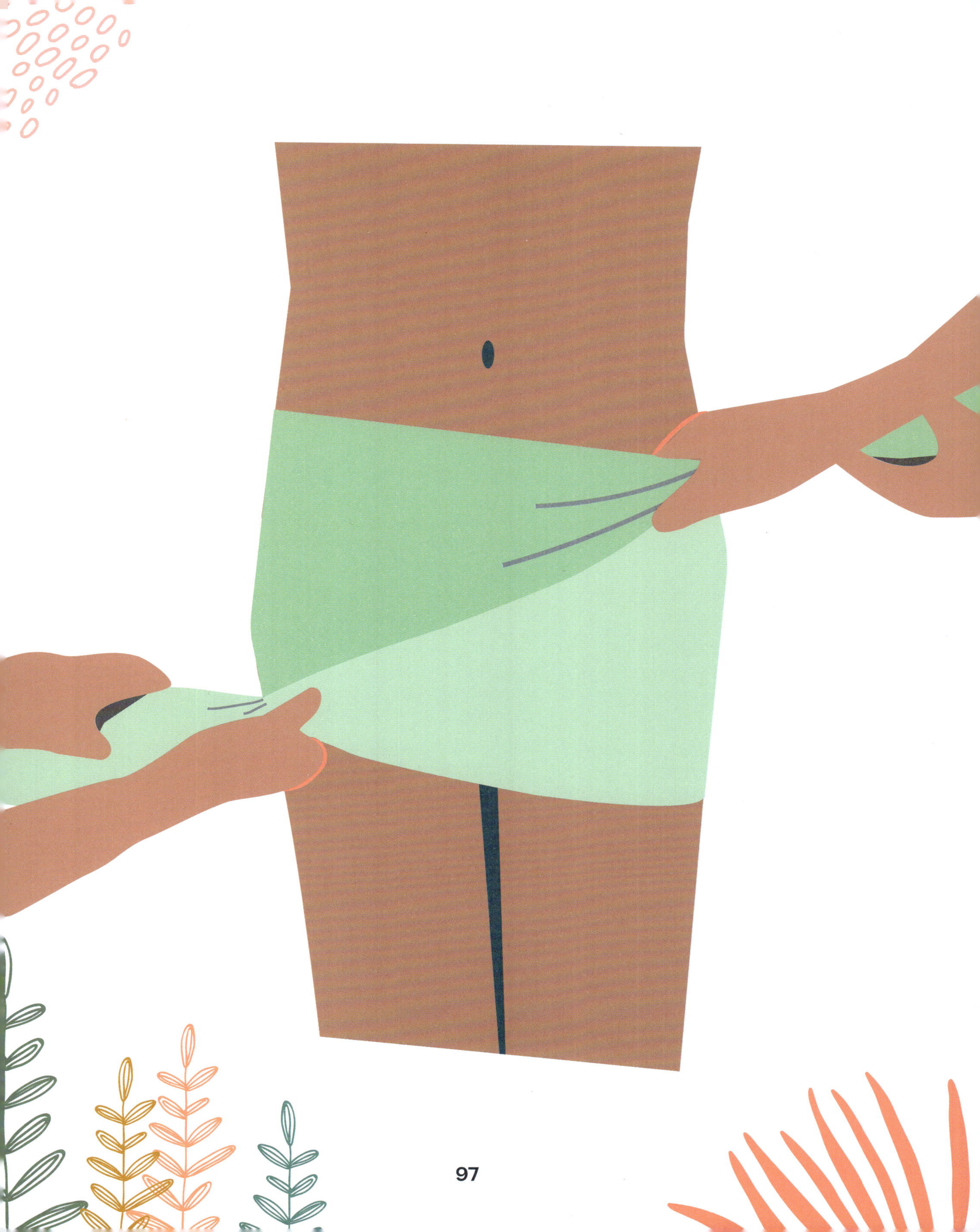

4

Lorsque l'enfant paraît

L'accueil du bébé

« Un nouveau-né est comme le commencement de toute chose – l'émerveillement, l'espoir, le rêve de toutes les possibilités... Les tout-petits sont les derniers liens qu'il nous reste avec la nature, ce monde naturel des choses vivantes duquel nous émergeons. »

Eda J. LeShan, thérapeute, éducatrice et autrice

La rencontre avec votre enfant peut faire naître des sentiments très forts, comme une vague d'amour pour lui. Parfois, ces émotions sont présentes tout de suite à la naissance. D'autres fois, il faut plus de temps. C'est dans l'invisible que se tisse ce lien précieux et vital entre des parents et leur bébé.
Ce lien parfois ténu est soutenu par un certain nombre d'éléments, dont la voix, ce doudou immatériel qui lie la mère à son bébé. Je parle de la voix de la mère, car c'est celle qu'il a entendue d'une manière singulière au fil de la vie intra-utérine. Cette voix, il la reconnaît à la naissance, c'est celle qui va le rassurer, celle qui va lui permettre d'exister, en étant nommé.

Dans les jours qui suivent la naissance, ou quand ce sera le moment pour vous, je vous invite à écrire une lettre à votre enfant pour son arrivée sur terre. Une lettre pour lui souhaiter la bienvenue, pour déposer votre histoire, votre rencontre sur du papier. Une lettre pour dire ces chamboulements émotionnels qui vous animent, une lettre comme un cadeau d'accueil, simplement. Écrivez-la puis rangez là. Peut-être aimerez-vous y revenir plus tard ou la lui lire lorsqu'il sera plus grand.

Une lettre comme un cadeau d'accueil

Mon tout-petit, bienvenue sur la terre, voici ce que je veux te dire,
voilà ce que je te souhaite............

Les besoins essentiels du bébé à la naissance

Il y a bien sûr les besoins physiologiques (manger, dormir), les soins d'hygiène, mais il y a surtout cet essentiel besoin d'attachement qui se tisse et se consolide, ainsi que les besoins d'amour et de sécurité.

L'indispensable besoin de sécurité : la théorie de l'attachement

Je vais m'attarder sur ce besoin essentiel et primaire qu'est l'attachement, qui permet à l'enfant de se construire une sécurité affective et émotionnelle, nécessaire pour bien grandir. Le processus d'élaboration de ce lien confère également un sentiment de compétence aux parents.

Les pleurs et les cris sont pour le bébé les moyens d'attirer l'attention de ses parents. En y répondant, vous allez diminuer son stress et ainsi augmenter la sécrétion d'ocytocine, qui participe au développement harmonieux du cerveau. Plus vous répondrez aux pleurs de votre bébé, plus vous apprendrez à les décoder et à y répondre au mieux. Et parfois, on ne sait pas pourquoi il pleure ; votre présence à ses côtés lui sera néanmoins bénéfique. Tantôt il est nécessaire d'arrêter toute stimulation, tantôt, de le bercer ou de le porter pour qu'il se sente rassuré et d'autres fois, de le laisser pleurer dans vos bras parce qu'il a juste besoin de décharger un trop-plein émotionnel ou sensoriel, ce qu'il exprime par des pleurs.

L'activité cérébrale de votre enfant en recherche de réconfort s'apaisera s'il est dans vos bras et il pourra s'endormir ou être disponible pour de nouvelles interactions. Et c'est un cycle qui recommence.

Ce que l'on sait maintenant grâce aux recherches en neurosciences, c'est que le cerveau du bébé emmagasine toutes les informations en lien avec les émotions dans les amygdales. Ces deux petites structures en forme d'amande sont situées sur la partie antérieure et interne du lobe temporal, accolées à l'hippocampe. Elles sont fonctionnelles dès le huitième mois de grossesse.

Les amygdales sont le lieu où s'élaborent les premières impressions émotionnelles et elles jouent un rôle important dans l'élaboration des relations futures avec ses pairs. Cependant, à cet âge, les organes de traitement de l'information ne sont pas encore matures. L'enfant a donc besoin de l'adulte pour poser des mots sur ce qu'il ressent et qui le dépasse. Et il est tout à fait normal qu'un jeune enfant soit incapable de gérer ses émotions avant ses sept ans, lorsque son cerveau aura acquis de la maturité et sera davantage capable d'y faire face.

Les éléments qui favorisent la construction d'une sécurité intérieure positive du bébé

Il n'est pas toujours évident d'identifier les besoins d'un nouveau-né. Il est normal qu'on tâtonne au début, mais c'est la constance dans la réponse qui est importante. Le maternage proximal permet à l'enfant de construire la sécurité affective dont il a besoin pour grandir et pouvoir se séparer de ses parents, le moment venu. Or, des petites séparations, il s'en joue chaque jour. C'est la répétition de ces micro-séparations qui, si elles sont effectuées dans la sécurité affective nécessaire au bébé, lui permettront de prendre confiance à la fois en ses parents, en son environnement et en lui. En essayant de maintenir une continuité dans le lien que vous construisez avec lui, vous allez de mieux en mieux déchiffrer votre bébé.

Quels sont les ingrédients d'un maternage proximal :

- le peau à peau ;
- le portage ;
- le *co-sleeping* (ou cododo, lorsque bébé dort dans votre lit) ou le *co-rooming* (lorsque bébé dort dans la même chambre que vous) ;
- l'allaitement ;
- la voix rassurante et la réponse aux pleurs de votre bébé ;
- du temps pour voir naître votre jeune famille.

Co-sleeping et co-rooming

Le *co-sleeping* ou le *co-rooming*, selon ce qui convient le mieux à votre famille, est vivement recommandé, à la fois pour rassurer votre bébé et favoriser la mise en route de l'allaitement. Votre enfant est tout proche, vous l'entendez dès qu'il se réveille, vous le mettez au sein en privilégiant une ambiance feutrée et tamisée.

Préparez tout ce dont vous avez besoin à côté de votre lit (les couches, votre bouteille d'eau, des lingettes, du liniment et une serviette), afin d'éviter de stimuler votre bébé et vous permettre de rester dans votre environnement douillet. Les mères savent souvent intuitivement ce dont leur enfant a besoin. Elles savent également comment y répondre, mais bien souvent elles ne se font pas confiance.

La « bonne mère », la « mauvaise mère »

**Certaines mamans m'ont fait part du fait que cette affirmation, qui se veut positive et encourageante, peut les mettre en difficulté.
Si elles ne parviennent pas à identifier les besoins de leur bébé, elles se sentent « mauvaise mère ».
Je tiens à vous rassurer : il est normal de tâtonner avant de réussir à identifier les besoins de bébé.
C'est d'ailleurs tous les enjeux de la communication de manière générale. Quand les choses ne sont pas clairement énoncées, il n'est pas forcément possible d'y répondre de manière spécifique. Il en est de même avec chacun·e.
Donc ne culpabilisez pas ; tout dans la vie est une affaire de décodage des informations. Ce n'est jamais acquis une fois pour toutes. Ne vous en faites pas, c'est normal !
Vous êtes la meilleure mère dont peut rêver votre bébé.**

Le premier bain

Un nouveau-né n'est pas sale. Le premier bain n'est donc pas une urgence. Votre enfant a davantage besoin d'un contact peau à peau sécurisant que d'une séance de récurage !

La peau d'un bébé à terme est recouverte de vernix caseosa, une couche protectrice blanchâtre qui protège sa peau fragile. Si le terme est dépassé, la peau pourra présenter une sécheresse, car cette substance protectrice aura disparu. Dans le cas d'une naissance prématurée, la peau n'est pas encore recouverte de vernix caseosa, ce qui rend le bébé plus vulnérable aux infections.

Toutefois le nouveau-né a besoin de percevoir les contours de son corps pour se sentir contenu et rassuré. Le bain enveloppé, ou balnéothérapie pour bébé (voir encadré ci-dessous), peut répondre à ce besoin, permettant en plus de lui rappeler les sensations connues et sécurisantes qu'il éprouvait dans votre ventre alors qu'il était entouré de liquide amniotique.

Les produits de soin à privilégier pour votre bébé

Privilégiez les produits les plus simples et les moins transformés comme :

- le liniment oléocalcaire pour le change et la protection de la peau de votre bébé ;
- l'huile végétale pour le bain (voir p. 47) ;
- un savon doux, hypoallergénique et sans parfum pour les changes (selles) ;
- le lait maternel pour une action désinfectante, antibiotique et cicatrisante.

ASTUCE

DIMINUER LE STRESS DE BÉBÉ AVEC LE BAIN ENVELOPPÉ

Préparez un bain à 38 °C. Il est important que l'eau soit suffisamment chaude, car les bains trop froids font pleurer les bébés, qui se refroidissent vite. Veillez à ce que la température de la pièce soit entre 22 et 24 °C, puis déshabillez l'enfant et enveloppez son corps dans un lange en coton ou en bambou. Il faut qu'il soit suffisamment grand pour le contenir dans sa globalité (sauf la tête). Ses bras et ses jambes retrouveront naturellement la position fœtale, qui l'apaise et lui apporte une sécurité interne.

Faites ensuite rentrer le bébé délicatement dans le bain, en maintenant toujours le lange. Une fois qu'il est dans l'eau, impulsez un mouvement doux de bercement très souple, sans contrainte sur le corps du bébé.

Le tissu pourra être relâché progressivement et le bébé retrouvera les sensations familières du ventre de sa mère. En plus de rassurer l'enfant, cette pratique favorise la construction du lien parent-enfant par la création de cette bulle de détente et de tendresse.

LE SAVIEZ-VOUS ?

Pourquoi faut-il éviter l'usage de produits parfumés et de parfums avec un nouveau-né ?

Le sens de l'odorat est extrêmement développé chez le bébé. C'est ce qui lui permet de reconnaître sa mère et de se créer des repères olfactifs sécurisants dans son environnement.

À ce stade, le sens de l'odorat ne passe pas par le néocortex ; il est directement relié au cerveau limbique, c'est-à-dire le cerveau des émotions. Il est donc important de ne pas perturber l'odorat et de permettre à l'enfant d'exploiter ce sens essentiel pour son adaptation à la vie extra-utérine.

Faites-le vous-même

Fabriquer son liniment, un jeu d'enfant !

Cette recette à base d'eau de chaux et d'huile végétale est un *must* pour le soin de la peau des bébés. Le liniment forme un fin film protecteur sur les peaux sensibles et vous pourrez même l'utiliser pour vous démaquiller !

Pour 200 ml de produit :

- 100 ml d'eau de chaux (vous la trouverez en pharmacie)
- 100 ml d'huile d'olive ou de tournesol
- 2 g de cire d'abeille

MODE D'EMPLOI :

À l'aide d'un fouet, mélangez l'eau de chaux et l'huile végétale. Faites fondre la cire d'abeille au bain-marie, puis intégrez-la au mélange d'eau de chaux et d'huile avec un petit batteur électrique de façon à obtenir une émulsion homogène.

Versez la préparation dans une bouteille opaque et étiquetez-la. Conservez-la au frais dans les 6 mois qui suivent la fabrication. Mélangez avant chaque utilisation.

Le massage à l'huile, ou comment laver bébé autrement

Masser bébé avec de l'huile permet non seulement de protéger et de nourrir sa peau, mais aussi d'éviter qu'il ne se refroidisse. Il est une belle manière d'entrer en communication avec son enfant à travers le toucher.

Installez-vous dans une pièce bien chauffée et sans courant d'air, avec une bassine d'eau chaude (environ 43 °C) et l'huile vierge de première pression à froid biologique que vous aurez choisie.

Déposez le bébé sur le plan de change et déshabillez-le. Trempez vos mains dans l'eau, versez un peu d'huile et massez votre enfant doucement et avec tendresse.

Une fois le massage terminé, séchez bien votre bébé en tamponnant et sans frotter, pour ne pas irriter sa peau. Rhabillez-le avec des matières naturelles, car la peau respire ; il est donc important de veiller à la qualité des tissus qu'il porte.

Garder la température de bébé constante

Les bébés régulent mal leur température corporelle, car leur système de régulation thermique est encore immature. C'est par les extrémités qu'ils vont se refroidir, perdre de la chaleur et des calories, ce qui peut engendrer une perte de poids. Il est important qu'ils restent au chaud. Prévoyez un petit bonnet en laine douce et fine, des chaussettes et une chemise de corps ou un petit body en laine pour les premiers jours qui suivent la naissance. Même plus tard, si vous voyez que votre enfant a les extrémités froides, n'hésitez pas à l'en revêtir.

La communication parents-enfant(s) par le massage

Le toucher est le premier système sensitif à se développer chez toutes les espèces. À moins de huit semaines *in utero*, alors que le fœtus ne mesure que 2 cm environ, sa peau est déjà développée. Les mouvements du liquide amniotique et les vibrations dues à la voix de la mère s'y impriment comme autant de douces stimulations.

Le toucher est indispensable à la vie. C'est le seul sens réciproque. On ne peut toucher l'autre sans être touché·e en retour. Par ce biais, il est possible de transmettre de la force, de l'amour et du positif. Outre son importance pour la croissance, le développement, la communication sensorielle et la stimulation de l'immunité, le toucher réconforte, renforce et restaure également l'estime de soi.

Les nombreux avantages du massage

Le nouveau-né a besoin de contact physique avec ses parents. La communication parent-enfant par la pratique ancestrale du massage permet de tisser le lien entre eux, d'apaiser le bébé et de lui apporter de nombreux bienfaits :

- **Détendre et calmer**
Le toucher est nourrissant. C'est une manière d'éliminer le stress pour vous-même et votre bébé. Le massage soulage en outre la douleur et diminue le stress qui peut, entre autres, l'entretenir.

- **Approfondir le lien**
C'est un moment essentiel qui accroît votre intimité, votre compréhension et votre capacité à nourrir.

- **Améliorer la communication**
Le massage accroît votre sensibilité aux signaux émis par votre bébé et ainsi votre confiance en vous-même.

- **Contribuer au développement du bébé**
Il stimule la croissance et le développement sain du corps de votre bébé et de son esprit.

- **Valoriser la fonction parentale**
En comprenant mieux les besoins spécifiques de votre enfant, vous développez votre confiance en vous-même et en vos compétences en tant que parent.

- **Favoriser le sommeil**
Aider votre bébé à éliminer les tensions quotidiennes dues à ses expériences nouvelles signifie plus de repos pour votre bébé, mais aussi pour vous. Tout le monde s'en porte mieux.

- **Stimuler toutes les fonctions biologiques**
Sur le plan physique, le massage favorise la circulation du sang, détend et stimule le tonus musculaire, active le métabolisme, protège et développe le système immunitaire.
Sur le plan psychologique, le massage détermine le sentiment d'appartenance de l'enfant. Cette action lui confirme que quelqu'un s'occupe de lui et s'assure de son bien-être. Un bébé massé a tendance à moins pleurer.

À partir de quand masser son enfant ?

Il est possible de commencer tôt après la naissance afin de rassurer le bébé. Le massage s'adapte et évolue en fonction du développement de l'enfant.

Une chose est sûre : on ne masse jamais un enfant qui ne le souhaite pas. Posez-lui la question pour savoir s'il est d'accord que vous le déshabillez et que vous le massiez. Observez sa réaction. Un tout petit bébé est capable d'exprimer s'il souhaite ou non être massé.

N'attendez pas de maîtriser une technique, faites-vous confiance, écoutez votre cœur et laissez aller vos mains pour masser votre enfant lors de moments d'éveil où il est disponible.

Les réflexes primitifs

Le bébé vient au monde avec des réflexes primitifs qui vont lui permettre de s'adapter à la vie terrestre et de participer à la création du lien d'attachement avec ses parents. Ces réflexes ont un rôle de protection physique et émotionnelle du bébé. Reposant sur le système neurosensoriel, ils sont à l'origine du développement corporel, émotionnel, relationnel et cognitif de votre enfant.

Dès la naissance, par exemple, les réflexes de succion, de déglutition et de fouissement permettent au bébé de se nourrir en cherchant le sein maternel. La poursuite oculaire permet quant à elle de créer un lien visuel avec ses parents. Et les cris vont être sa manière d'exprimer ce dont il a besoin et de solliciter ses parents.

Progressivement ces réflexes vont maturer et évoluer, et le lien d'attachement déjà tissé avec ses parents va se diversifier et s'étendre à d'autres personnes de l'entourage. Ce comportement d'attachement dure toute la vie et peut revêtir des formes très variées.

Pour en savoir plus, vous pouvez vous référer au témoignage de Marie-Claude Maisonneuve sur le rééquilibrage des réflexes primitifs (voir p. 180).

ZOOM

Les fleurs de bach après l'accouchement

L'utilisation des fleurs de Bach est une jolie manière de prendre soin des émotions liées à l'après-naissance et à la découverte d'une vie nouvelle. Ces élixirs peuvent être une grande aide, tout en douceur, à utiliser à tout moment.

Centaury
(centaurée)
Idéal pour les mamans qui ont du mal à dire non et à faire respecter leur espace, au risque de se faire rejeter par les aînés.

Cherry plum
(prunus)
Si votre baisse de moral vous effraie et que vous craignez vos propres réactions, cet élixir vous soulagera.

Clematis
(clématite)
Il vous sera utile si vous vous sentez faible et détachée de la réalité, un peu comme dans un rêve. De même, si votre imagination vous entraîne en permanence dans un monde de fantasmes, ce remède est pour vous. Il vous permettra de revenir ici et maintenant, dans les moments que vous vivez avec votre bébé.

Crab apple
(pommier sauvage)
Si vous avez du mal avec votre corps, cet élixir vous aidera à vous sentir mieux

Elm
(orme)
Parfait pour les mamans qui se sentent submergées à la naissance de leur enfant, notamment par les responsabilités qui en découlent.

Gentian
(gentiane)
Cet élixir ramène la joie et apporte du positif dans le quotidien.

Honeysuckle
(chèvrefeuille)
À utiliser en cas de nostalgie de la grossesse, cette période de symbiose totale et harmonieuse avec le bébé.

Larch
(mélèze)
Le mélèze est ce qu'il faut quand il y a une dévalorisation de la fonction maternelle avec un manque de confiance en soi.

Olive
(olivier)
L'accouchement représente un effort intense pouvant générer un épuisement important. Cet élixir est là pour vous redonner de la force et de l'énergie, vous soutenir en douceur.

Red chesnut
(marronnier rouge)
Si vous êtes préoccupée par votre bébé de façon excessive, au point d'en être tellement inquiète que vous ne pouvez pas ressentir de détente et de paix intérieure, cet élixir vous permettra de calmer vos angoisses envahissantes.

Star of Bethlehem
(étoile de Bethléem)

Quintessence du choc, elle vous aidera à remonter la pente après un accouchement traumatisant. Elle peut également être utilisée pour votre bébé, pour atténuer le choc d'une naissance compliquée. Vous pouvez en mettre quelques gouttes dans un bain, associées à quelques gouttes de Walnut pour favoriser la transition vers la vie terrestre.

Les rythmes du bébé, entre veille et sommeil

Le sommeil du bébé est souvent une source de questionnement et d'incompréhension. Le bébé a son propre rythme et, les premiers temps, les parents manquent souvent cruellement de sommeil. Il faut tenter de concilier les besoins des uns et des autres, et cela peut-être très éprouvant. Essayons de comprendre les rythmes du bébé.

La croyance de l'enfant qui fait ses nuits à deux mois et pour toujours est un mythe. Les rythmes et les besoins en sommeil des bébés sont variables. Certains enfants dorment mieux que d'autres, certains résistent au sommeil et d'autres le fragmentent. Votre enfant se comportera peut-être encore différemment de tout ce dont vous avez entendu parler ou de ce que vous avez imaginé, et ce n'est pas grave.

Les deux premiers mois, les cycles de sommeil sont courts puisqu'ils durent 50 minutes. Ils se structurent de la manière suivante :

1. Endormissement ;
2. Sommeil agité ;
3. Sommeil calme.

Entre deux cycles de sommeil, le bébé fait des petits mouvements et une simple stimulation peut suffire à le réveiller. Il bouge également dans la phase de sommeil agité, mais à ce stade vous aurez beaucoup plus de difficultés à le réveiller, il sera moins disposé aux interactions et probablement un peu « grognon ». Avec le temps vous parviendrez à faire la différence entre les signes du pré-éveil et ceux du sommeil agité. Le sommeil du bébé est également rythmé par le besoin de se nourrir et par les besoins d'affection et de réconfort.

De six mois a deux ans, le sommeil se transforme pour arriver à la succession de cycles suivante :

1. Endormissement ;
2. Sommeil léger ;
3. Sommeil lent profond ;
4. Sommeil paradoxal.

Les cycles s'allongent pour atteindre 70 minutes environ.

De trois à dix ans la structure du sommeil évolue encore pour se rapprocher le celle de l'adulte.

Les pleurs du soir peuvent avoir comme rôle de décharger le trop-plein d'émotions et de stimulations. Accompagner son bébé dans ses pleurs, les accueillir, verbaliser et être près de lui peut l'aider à se laisser aller au sommeil.

Pour certains bébés, il n'est pas possible de dormir dans l'immobilité. Ils ont besoin d'être bercés pour pouvoir relâcher leur vigilance et s'endormir. Ceci paraît normal : après avoir passé neuf mois à être balancé, porté et bougé en permanence, le calme total peut avoir un effet angoissant.

Ne vous en faites pas : vous ne donnerez pas de mauvaises habitudes à votre enfant si vous répondez à ses besoins de recevoir de l'affection, d'être rassuré et consolé (voir p. 100). Au contraire, vous lui permettrez de croire en vous et en votre rôle protecteur.

Pleurs et coliques du nourrisson

Il arrive fréquemment que les bébés pleurent le soir les premiers mois de leur vie. Ces cris souvent puissants sont difficiles à calmer. En tant que parent, vous pouvez vous sentir démunis et affectés face à ces pleurs puisque pas grand-chose n'y fait. Souvent, on parle alors de coliques du nourrisson. Ces coliques se calment en général après trois mois. Elles seraient dues à l'immaturité des organes digestifs. La vraie colique survient toujours de la même manière, c'est-à-dire en soirée, et peut durer jusqu'à 3 heures, qui paraissent interminables pour les parents.

Il est souvent difficile d'identifier leur cause exacte mais il existe des astuces pour les apaiser et accompagner son enfant en douceur. Il faut toutefois se dire qu'avec un petit bébé, il n'y a pas de solution magique. Et que c'est en faisant des essais et des erreurs dans le décodage que vous allez finir par mieux comprendre les besoins de votre enfant. De plus, les pleurs sont le seul moyen pour le bébé de s'exprimer et ils peuvent aussi être l'expression du trop-plein de stimulations ou de la fatigue, alors il suffit d'être présent·e et de les laisser s'apaiser tranquillement.

Bouillotte de grains ou de noyaux pour les petits maux de ventre

- **Une cotonnade de 15 x 30 cm**
- **Du riz brun bio (qui est très doux et agréable au toucher puisqu'il libère la chaleur lentement), des grains de blé ou encore des noyaux de cerises.**

RÉALISATION
Coudre la cotonnade en carré sur 3 côtés, en laissant 1 cm de bord pour les coutures. Remplir de riz, de blé ou noyaux jusqu'à ce que le sac soit plein mais souple. Refermer le dernier côté. Si vous optez pour le riz ou le blé, faites des coutures doubles pour éviter les fuites.

UTILISATION
Chauffer sur un radiateur ou 10 à 15 minutes à 150 °C au four classique.

Halte aux caprices !

Un bébé ne fait pas de caprices. Il ne connaît pas ce mot, il a simplement des besoins auxquels il est important de répondre.

Vous ne donnerez pas de mauvaises habitudes à votre bébé en répondant à ses pleurs, en le prenant dans vos bras et en le consolant. Bien au contraire, vous aller tisser un lien de confiance qui va lui permettre de développer sa sécurité affective.

Les vieilles croyances ont la dent dure. Écoutez votre cœur et répondez à votre enfant. Loin d'en faire un tyran, vous allez l'accompagner avec amour sur le chemin de la vie.

Quelques astuces :

- Faites du peau à peau.

- Portez votre enfant en écharpe ou avec un porte-bébé qui vous permet d'être bien l'un contre l'autre, ventre à ventre.

- Faites-lui prendre la position de l'œuf, qui rassemble le bébé et lui offre la contenance dont il a besoin.

- Un bain avec une cuillerée à soupe d'hydrolat de camomille peut l'apaiser.

- Une petite bouillotte de grains ou de noyaux de cerises, appliquée sur l'abdomen, peut le soulager.

- Voyez si un rot coincé ne gênerait pas votre enfant. Caressez-lui doucement le dos pour lui permettre de le sortir.

- Portez votre bébé en faisant reposer son ventre sur votre avant-bras.

- Les fleurs de Bach peuvent venir à la rescousse du bébé et de ses parents en agissant sur le débordement émotionnel lié à ce qu'on peut identifier comme une anxiété forte, voire une détresse, chez le bébé. Le mélange *Rescue*® pourra venir l'apaiser. Si vous allaitez votre enfant mettez-en quelques gouttes sur votre mamelon. Vous pouvez également en prendre quelques gouttes vous-même pour apaiser les angoisses et tensions liées aux pleurs de votre enfant. Préférez dans ce cas des préparations sans alcool.

- Massez-lui le ventre avec des mouvements circulaires, dans le sens des aiguilles d'une montre. Pour cela, utilisez la crème *Rescue*®.

Le portage

Les bienfaits du portage sont immenses. Cette technique de maternage est très ancienne et on la retrouve dans de nombreuses civilisations. En conservant les mains libres, les femmes pouvaient continuer à vaquer à leurs occupations tout en gardant une proximité physique avec leur bébé. Chacun de ces peuples avait conscience de la nécessité à porter les bébés pour tisser le lien grâce au contact physique. De la Chine, en passant par l'Afrique ou chez les peuples inuits, des moyens de portage très ingénieux ont traversé les siècles pour revenir à la mode actuellement chez nous.

Les bienfaits du portage sont nombreux en ce qu'il :

- répond au besoin de contact physique du bébé et crée une continuité avec la grossesse, dans la symbiose avec la mère et le mouvement qu'il recrée ;
- favorise le lien d'attachement ;
- offre une sécurité affective au bébé ;
- réduit les pleurs et l'anxiété chez le nouveau-né ;
- favorise la digestion, en réalisant un petit massage doux du ventre par le contact avec le porteur ;
- diminue les reflux gastro-œsophagiens ;
- aide à l'endormissement de bébé ;
- stimule son système sensoriel et sa tonicité musculaire ;
- stimule son système nerveux et son sens de l'équilibre ;
- renforce le sentiment de compétence des parents ;
- et permet de vaquer à ses occupations en ayant les mains libres.

Les modes de portage sont nombreux. Il y a le portage en écharpe, par exemple, qui peut nécessiter un petit accompagnement au début. Ce mode de portage est confortable pour le porteur et permet la bonne position du bassin. Préférez une écharpe tissée double et évitez les écharpes en jersey qui sont un peu élastiques et trop souples : elles ne sont pas adaptées à des bébés un peu lourds et provoquent des maux de dos qui peuvent décourager les porteurs.

Le porte-bébé asiatique, ou *meï taï*, est également très adapté et plus facile à installer. Pour un nourrisson, on sera vigilant sur son réglage afin que le bébé soit bien enveloppé. En tissu, il est évolutif et, comme l'écharpe, il permet un portage sur une longue durée ; il vous accompagnera très longtemps, au fil de la croissance de votre bébé.

Astuce

Le bébé doit être bien enveloppé et se trouver à hauteur de bisous.

Il existe encore de très nombreuses méthodes de portage. D'une manière générale, il est bon de pouvoir tester les différents porte-bébés en s'inscrivant à un cours de portage, durant la grossesse par exemple. Certains centres de protection maternelle et infantile (PMI) proposent ce type d'ateliers ainsi que de nombreuses associations. Renseignez-vous pour consulter l'offre dans votre région.

LE POINT DE VUE DE L'OSTHÉOPATHE

L'intérêt de consulter un ostéopathe pour bébé

Carole Pendariès-Ménard, ostéopathe DO

Si la maman est suivie en ostéopathie pendant la grossesse, le bébé aura profité de ces soins comme premières séances.

Même si l'accouchement est un processus naturel et physiologique, le bébé peut souffrir anormalement de son passage dans le bassin de sa mère : contractions pendant un temps trop long ou sans efficacité sur la dilatation du col, mauvais engagement dans le bassin au niveau du détroit supérieur (position non physiologique du bébé avant le début du travail), difficulté de rotation de la tête au niveau du détroit inférieur (périnée de la maman trop tonique), souffrance fœtale repérée au monitoring (travail trop long, circulaire du cordon), etc.

Tout ceci peut avoir des conséquences importantes pour le développement de bébé, sans parler des positions de siège, des utilisations d'instruments (ventouse, forceps, spatules) ou des manipulations obstétricales parfois nécessaires à l'expulsion.

Néanmoins, les répercussions sur le bébé ne viennent pas toujours de l'accouchement : il peut avoir souffert d'une mauvaise position *in utero* gardée très longtemps, de contractions répétées pendant la grossesse, d'un manque de place (grossesse gémellaire, par exemple) ou autre.

Ce qui doit conduire une maman à consulter rapidement un·e ostéopathe pour son bébé, c'est avant tout la difficulté de succion, de déglutition ou de mise au sein et de tétée (un bébé qui s'épuise au sein, par exemple), car cela peut rapidement décourager la maman d'allaiter et l'amener à arrêter.

Une autre raison pour consulter rapidement un·e ostéopathe est le torticolis musculaire congénital. Celui-ci est le plus souvent lié à une rétraction anormale du muscle sterno-cléido-mastoïdien, qui entraîne une inclinaison de la tête d'un côté, associée à une rotation de l'autre côté. Cela aboutit, dans la durée, à la plagiocéphalie – vulgairement la « tête plate » –, c'est-à-dire la déformation du crâne avec un méplat du côté de l'appui de la tête. Il est alors vraiment nécessaire de suivre le nourrisson dans le temps, les conséquences étant loin d'être uniquement esthétiques, puisqu'il peut développer des troubles oculaires, des troubles d'occlusion dentaire, des troubles posturaux comme la scoliose, etc.

Si bébé ne souffre d'aucun de ces symptômes, il se peut qu'au bout du premier mois certains « désagréments » apparaissent, que maman pourra plus facilement identifier, dans la mesure où elle aura appris à reconnaître les pleurs de bébé : coliques, régurgitations, troubles du sommeil, pleurs et cris incessants, agitation, bébé qui se projette toujours en arrière, hoquets fréquents ou constipation, par exemple.

D'autres troubles spécifiques peuvent amener à consulter : position en siège *in utero* avec répercussion sur les hanches, pied bot, pied varus ou pied plat valgus, canal lacrymal bouché, etc.

Le choix des vêtements

Les premiers mois, votre bébé passe beaucoup de temps à dormir. Il est important, pour son confort, de l'habiller avec des matières douces. Je vous conseille en outre de choisir des matières naturelles. Préférez le coton, la soie ou la laine aux matières synthétiques, qui ne permettent pas à la peau de respirer.

La peau est en effet l'un des cinq émonctoires (foie, poumons, reins, vagin et peau) qui permettent à l'organisme d'évacuer certains déchets et sécrétions surabondantes.

Or l'industrie du textile est très polluante et, en fin de chaîne, les tissus transformés en vêtements peuvent contenir des encres, des engrais, des métaux lourds, des pesticides, des phtalates, du benzène, des colorants allergisants, etc. Ces produits se retrouvent sur notre peau et la traversent.

L'idéal est donc d'opter pour des vêtements garantis sans produits chimiques, composés volatils ou autres métaux lourds, dangereux pour la santé.

Il existe de plus en plus de labels et de certifications qui guident les consommateurs et permettent de faire des choix éthiques, porteurs de valeurs humaines et environnementales. Cela nous permet de nous positionner chaque jour dans notre manière de consommer.

Je vous propose trois labels :

- Oeko-Tex « Standard 100 » : ce label garantit l'absence de substances dangereuses pour la santé en général, et pour la peau en particulier. Petite précision importante, il n'exclut pas la présence de produits chimiques nocifs, mais assure leur présence en quantité inférieure aux normes légales.
- *GOTS* : (*Global Organic Textile Standard*) : ce label garantit un coton sans engrais ni pesticides. L'obtention de ce logo nécessite le respect de critères environnementaux. Il s'engage également à veiller sur des critères sociaux définis par l'Organisation internationale du travail, comme le non-travail des enfants, la sécurité des travailleurs et des travailleuses, la décence des salaires.
- Oeko-Tex « Made in green » : ce label permet de tracer le produit en prenant en compte les différentes étapes de production et le pays d'origine. Il tient compte des critères environnementaux et sociaux.

Je vous invite à éviter les vêtements serrés au niveau de la taille ou qui gênent les mouvements naturels de l'enfant. Avez-vous déjà observé un bébé respirer ? Son ventre se soulève, puis sa cage thoracique ainsi que les clavicules. Il est important de ne pas entraver ce mouvement physiologique naturel pour une oxygénation optimale.

Il peut être intéressant d'opter pour une démarche minimaliste, à savoir moins de vêtements, mais des vêtements de qualité et éthiques selon des critères sanitaires, environnementaux et sociaux.

Par ailleurs, j'aime beaucoup l'approche des trois couches, issue des pays scandinaves. Je l'ai utilisée pour mes enfants et je continue de l'utiliser au quotidien :

- La première couche est constituée de sous-vêtements en laine (body, chemise de corps et leggings ou collants). La laine a un pouvoir isolant et absorbant. Elle retient l'humidité dans ses fibres naturelles et isole du froid comme du chaud. Contrairement à ce que l'on pense souvent, la laine est en effet parfaitement isotherme et s'utilise été comme hiver.
- La deuxième couche se compose d'un gilet ou d'un pull en laine. Elle renforce l'effet de la première dans son action isolante et permet à la peau de respirer, malgré les épaisseurs.
- La troisième couche est imperméable. Elle protège de la pluie, la neige et du vent. Il s'agit d'un anorak ou d'une veste imperméable. Ajoutez un pantalon imperméable pour parer à toutes les météos et offrez à votre enfant la possibilité d'explorer l'environnement, sans rentrer trempé !

Ces trois couches permettent aux enfants de se mouvoir en toute liberté, en étant bien équipés et en protégeant l'écologie de la peau.

Voici quelques sites Internet proposant des vêtements éthiques pour bébés et enfants :
- arbrebleu.com
- laqueueduchat.com
- leslucettes.com

La liste est évidemment non exhaustive. Peut-être trouverez-vous des boutiques éthiques près de chez vous.

Je vous invite aussi à dénicher certains articles d'occasion. Les bébés n'usent pas leurs vêtements, donc regardez près de chez vous ou sur certains sites Internet : vous trouverez sans doute des groupes de parents intéressés par des échanges ou des ventes d'occasion.

L'hygiène naturelle infantile

L'hygiène naturelle infantile (HNI) se base sur l'instauration d'une communication bienveillante avec l'enfant quant à son besoin d'élimination des selles et des urines. Concrètement, c'est le fait de ne pas utiliser de couches dès la naissance de bébé.

Nous savons désormais que la maturation des sphincters vers trois ans est un mythe. La pratique de l'HNI dans les sociétés traditionnelles continue de se transmettre de génération en génération, naturellement, et répond aux besoins du bébé, de jour comme de nuit. Il y a autant de manières de pratiquer l'HNI que de parents qui la pratiquent et certains continuent d'utiliser des couches jetables ou lavables parallèlement. Il faut surtout être serein·e dans ses choix et dans son quotidien, et ne pas aller au-delà de ses propres limites, sous le prétexte de suivre un idéal.

L'hygiène naturelle infantile est l'une des expressions inventées par Ingrid Bauer[1]. Elle insiste sur le fait que ce n'est pas une méthode coercitive, mais une forme de connexion avec son bébé. Dans son livre *Conseils et astuces pour élever son enfant sans couches ou presque !*, Carine Phung décrit l'HNI comme le fait d'apprendre à être à l'écoute des besoins d'élimination de son enfant, pour lui offrir la sécurité de grandir en sachant que tous ses besoins sont écoutés et non ignorés ou niés. L'objectif est que l'enfant se construise en prenant en compte tous les aspects de sa croissance, sans être coupé d'un de ses besoins ni des émotions qui l'accompagnent.

1 Ingrid Bauer, *Sans couches, c'est la liberté ! À la redécouverte de l'hygiène*, Paris, Éditions l'Instant Présent, 2016.

TÉMOIGNAGE

Une expérience gratifiante

J'ai pratiqué l'HNI avec mon deuxième enfant, Luis. Écouter l'expérience d'autres femmes à ce sujet m'a énormément aidée, puis j'ai lu les livres d'Ingrid Bauer et de Carine Phung, consacrés à l'HNI.

Ma motivation première était de réussir à répondre au besoin d'élimination de mon bébé par la communication et j'ai trouvé que c'était très valorisant pour moi, en tant que mère.

Parallèlement à l'HNI, je me suis également lancée dans la pratique des couches lavables et j'ai trouvé que c'était complémentaire, car ma pratique était exclusivement diurne.

Lorsque j'allaitais, je gardais à proximité un petit pot chinois. Puisque j'avais appris à détecter les signaux annonciateurs, je savais que quelques minutes après la tétée, Luis aurait besoin d'aller à la selle et je le positionnais en position physiologique, accroupi dans mes bras, le pot chinois coincé entre mes jambes.

Ensuite, je le laissais les fesses à l'air (ou juste avec un lange en tissu noué) sur le tapis avec des jeux. J'ai été stupéfaite de voir qu'il pouvait rester sec plus d'une heure dès son plus jeune âge.

L'idée n'est pas de faire des performances. Il y a eu de temps à autre des accidents de pipi et de caca. Mais ce n'est pas grave. Les avantages sont bien supérieurs à ces quelques inconvénients.

Dès que mon fils a atteint six mois, nous avons commencé le langage des signes. En réalité, nous n'avons utilisé que quatre ou cinq signes quotidiennement, dont ceux pour caca et pipi. Depuis que mon fils sait s'asseoir, c'est-à-dire depuis ses huit mois, il va sur le pot et y fait caca une à deux fois par jour. Aujourd'hui, il a deux ans et continue d'aller à la selle systématiquement sur le pot.

Mon fils a commencé la crèche à 18 mois. La pratique de l'HNI exigeant une grande disponibilité de la part du parent ou de la personne qui s'occupe de l'enfant, les éducatrices de la crèche ont accepté les couches lavables, mais ne pouvaient pas être disponibles pour pratiquer l'HNI, et je le comprends tout à fait.

Le but de l'HNI n'est pas de rendre l'enfant propre le plus tôt possible. Cependant, j'ai le sentiment que mon enfant est connecté à son corps et à ses sensations.

Il y a plein d'autres avantages à pratiquer l'HNI, que ce soit d'un point de vue écologique, financier, sanitaire (pas de problème de constipation ni d'érythèmes fessiers, bien-être du bébé), etc.

C'est pour moi une expérience gratifiante d'avoir osé l'expérience de l'HNI. En tant que mère, j'ai apprécié de voir que, dès son plus jeune âge, mon bébé me faisait confiance, m'envoyait des signaux, et que j'ai réussi à y répondre.

Laura Mbaye-Hohenegger, sage-femme libérale

Les choix des couches

Opter pour des couches lavables plutôt que jetables est un choix de conscience environnemental. En moyenne, un bébé utilise 4 500 à 6 000 couches et il faut en moyenne 300 ans à une couche jetable pour se décomposer. L'utilisation des couches lavables n'est pas zéro déchet : la fabrication, le lavage et la dégradation consomment de l'énergie. Faire le choix d'utiliser des couches lavables se situe néanmoins dans une démarche globale de réduction de ses déchets.

N'hésitez pas à vous informer et à échanger avec votre sage-femme, votre doula, à lire sur cette période si singulière qu'est le mois d'or.
L'idéal est de prendre le temps de le préparer en amont au cours du troisième trimestre, de solliciter de l'aide afin de vivre ce moment plus sereinement.

5

Naissance d'une famille

Le mois d'or

Le mois d'or est le mois qui suit la naissance de votre bébé. Cette période correspond à la naissance de la famille. C'est le temps de la rencontre et de la découverte. C'est également un moment où vous allez avoir besoin de repos afin de récupérer doucement de l'accouchement.

La vérité est que le mois d'or est un temps pour vous, où vous aller tisser le lien avec votre bébé, prendre du temps avec votre conjoint.e et avec les autres enfants, si vous en avez. C'est un temps où la vie vous invite à ralentir. On ne se rend pas toujours compte de cette nécessité, mais elle est essentielle.

Cela ne veut pas dire que vous n'allez rien faire et que vous vous sentirez coincée chez vous. L'idée est plutôt de prendre ce temps comme un cadeau pour vous écouter et faire connaissance avec votre enfant. Un moment pour vous découvrir en famille. On a si peu de temps comme celui-ci dans la vie qu'il est important d'en profiter.

L'offre en matière de couches lavables est très variée :

- Il existe un système tout-en-un, qui se présente comme des couches jetables. Faciles à utiliser, certaines sont évolutives et grandissent avec l'enfant.
- On trouve aussi de simples carrés de bambou, que vous fermez avec un système de pinces qui se fixent naturellement dessus. Ce modèle offre à votre bébé une grande capacité de mouvement.
- Sont également proposées à la vente des couches avec une surcouche en laine (ou autre matière absorbante).
- Il est également possible d'en trouver de seconde main.
- Et vous pouvez même, si vous vous sentez une âme de couturière, vous lancer dans leur confection.

N'hésitez pas à faire vos recherches !

La nouveauté pour toute la famille !

On parle de 40 jours pour le mois d'or. Ces 40 jours symboliques sont retrouvés dans différentes cultures dans le monde entier. Ils ont du sens. On peut également considérer ce temps comme une lune de miel ou une lune de lait pour la maman, le bébé et le coparent. C'est un temps de *cocooning*, de douceur, de chaleur, de sommeils partagés, de soins et d'attentions à la nouvelle maman et à son bébé.

Bernadette de Gasquet affirme que les six semaines qui suivent la naissance d'un enfant sont essentielles, tant pour la mère que pour l'enfant[1]. Qu'il s'agisse de l'avenir gynécologique de la femme, du tissage de la relation parents-enfant(s) ou de la relation de couple, le mois d'or est essentiel pour se reconstruire physiquement et psychiquement après la naissance et pour construire la famille.

Durant ce mois, la nouveauté est présente à tous les niveaux et pour tous les membres de la famille.

Pour le bébé, cette période qui prolonge la naissance est source d'adaptations multiples : sa respiration, son alimentation et les sensations de son corps dans l'espace ne sont plus les mêmes et tout cela lui demande de l'énergie.

Pour la maman, ce mois correspond à l'intégration de l'identité de mère. C'est une période de grande vulnérabilité, qui comprend des déséquilibres corporels et hormonaux. Il faut réapprivoiser ce corps changeant et vivre les processus d'involution des phénomènes mis en place durant la grossesse. De plus, il peut y avoir certaines pressions sociales difficiles à vivre.

Pour le coparent, la période qui suit la naissance du bébé est un véritable défi physique et émotionnel. Il faut laisser naître le père ou la seconde maman qui n'a pas porté l'enfant. Le vécu de l'accouchement peut avoir laissé des traces qui ont besoin d'être exprimées. Là aussi, il s'agit d'une véritable transformation, sans compter la pression sociale qui s'ajoute à ce vécu intime qu'est la construction de la famille.

Les nouveaux parents ont besoin de temps pour construire cette nouvelle réalité et honorer leur parentalité.

1 Bernadette de Gasquet est médecin et professeuse de yoga, spécialisée dans les exercices des abdominaux et de la rééducation périnéale.

Cocooning mère-enfant à travers les différentes cultures

Dans certaines cultures, le repos est imposé de façon stricte pour protéger la femme et le bébé des esprits maléfiques, et dans de nombreuses cultures, la jeune mère est exemptée des tâches ménagères durant cette période. Les repas sont pris en charge par les autres femmes de la communauté. Des plats spéciaux aux vertus nourrissantes lui sont apportés quotidiennement. Aux femmes soudanaises, on offre du lait de chèvre ou de chamelle, en Inde il s'agit de soupe aux lentilles et d'un mélange de noix, de raisins secs, de graines de lotus et beurre clarifié (*ghee*). En Suisse, on apportait à la femme les premières cerises, non seulement pour la nourrir, mais aussi parce que l'on pensait qu'une récolte abondante suivrait.

Dans d'autres cultures, massages et soins spécifiques pour la jeune accouchée sont de mise. Durant la grossesse, les femmes japonaises portent une large ceinture, appelée *haraobi*, pour soutenir l'abdomen. Elles continuent à le porter après l'accouchement, pendant trois semaines. Enroulé trois ou quatre fois autour de l'abdomen et des lombaires, ce morceau de tissu favorise le replacement des organes, le refermement du bassin et soulage le ventre distendu par la grossesse. Au Mexique, le rebozo (voir p. 40) joue également ce rôle durant la grossesse, pour le serrage du bassin après l'accouchement et, en post-partum, il sert aussi de porte-bébé.

À la fin de ces 40 jours, des rituels de purification sont traditionnellement proposés à la mère, pour lui permettre de revenir dans le monde et de présenter officiellement son bébé à la communauté. Vous pouvez inventer votre propre rituel pour symboliser la sortie de ce mois hors du commun dans votre vie.

La sensation de vacuité

Il est fréquent qu'une fois l'enfant né, l'ensemble de l'attention, du corps médical, de la famille et des amis, se déplace vers le bébé. En outre, la maman peut ressentir une vacance physique parfois douloureuse. À l'endroit où elle portait son enfant, son ventre est vide. Là où il y avait du plein, il y a du creux. Il n'est pas rare qu'elle connaisse des sautes d'humeurs et ressente des émotions « en dents de scie ».

En accouchant, la femme s'ouvre dans une grande vulnérabilité pour laisser le passage à son enfant. Alors que quelques jours plus tôt, il était bien rond et ferme, son ventre est maintenant plus mou. Il faut du temps pour qu'elle retrouve son corps, qu'il se referme et reprenne un schéma corporel familier. Il s'agit de se réapproprier son corps, ce qui n'est pas forcément évident dans un contexte de douleurs (tranchées, épisiotomie, césarienne). Toutes ces modifications ne sont pas toujours faciles à vivre et il lui faut de la douceur et de la patience.

Durant le mois d'or, la maman découvre la maternité avec ce bébé en particulier. S'il y a déjà un ou des enfants, il s'agit de faire en sorte que chacun·e trouve la place qui est la sienne, de filer des liens pour que s'élabore le tissu familial.

Oser demander de l'aide

Écrire une *to do list* de maman sur une feuille : les besoins de la jeune maman et de son bébé sont parfois imbriqués. Les identifier permet de demander de l'aide concrètement.

To do list de maman
- Nourrir mon bébé
- Câliner et embrasser mon bébé
- Le changer
- Le porter
- Le consoler
- Manger des repas que j'aime
- Me demander comment je me sens
- Dire à ma famille combien je les aime
- Masser mon ventre avec une huile à la rose
- ...

Après avoir rédigé votre liste, réfléchissez à ce que vous pouvez déléguer et notez-le sur une autre feuille.

J'ai besoin que quelqu'un :
- sorte les grands ;
- me prépare quelques plats ;
- berce mon bébé pendant que je prends ma douche ;
- ...

Le repos

Le repos est essentiel, mais c'est souvent une denrée rare dans la vie de jeunes parents. C'est la raison pour laquelle il est pertinent d'organiser le mois d'or : cela permet de se ménager et de prendre soin de soi en toute sérénité et sans culpabilité. C'est aussi la raison pour laquelle il est vivement recommandé à la maman de dormir en même temps que son bébé.

Gérer l'inconfort

Les lochies

Il s'agit des saignements qui suivent la naissance et qui peuvent durer jusqu'à six semaines. Ces saignements sont normaux. Utilisez des serviettes hygiéniques épaisses. N'utilisez ni tampons, ni coupe menstruelle durant cette période.

Les tranchées

Ce sont des contractions qui agissent sur l'involution utérine. Moins intenses pour un premier bébé, elles sont plus douloureuses pour les enfants suivants. Elles sont plus importantes lorsque le bébé tète, du fait de la sécrétion d'ocytocine que cela entraîne. La nature est bien faite puisque cette sécrétion d'hormones favorise le retour à la normale de l'utérus.

Afin de soulager l'inconfort dû à ces contractions douloureuses, vous pouvez placer une bouillotte sur votre ventre et le garder bien au chaud. Vous pouvez l'envelopper dans un châle, comme le rebozo. La visualisation et la relaxation peuvent vous aider à les supporter en vous apprenant à expirer dans la douleur pour favoriser la détente de la zone douloureuse et de tout le corps, de la même manière que vous avez pu respirer lors des contractions de l'accouchement.

Transit

Après l'accouchement, il est fréquent de souffrir de constipation. La peur d'avoir mal provoque un certain stress qui n'aide pas à aller à la selle.

Il est recommandé de boire de l'eau en quantité suffisante (1,5 à 2 l). Une fois par jour, de préférence le matin, buvez un verre d'eau avec une cuillerée à café de psyllium qui aura trempé durant la nuit.

Une alimentation riche en fibres participera aussi à une bonne hygiène digestive. Un automassage du côlon, dans le sens des aiguilles d'une montre, vous sera bénéfique et une cuillerée à soupe d'huile d'olive de première pression à froid par jour favorisera votre transit. De même, il est recommandé de consommer une petite portion d'aliments fermentés pour lutter contre la constipation. Enfin, le mouvement aide à la reprise du transit. N'hésitez donc pas à sortir vous promener !

Les hémorroïdes

Des hémorroïdes peuvent apparaître pendant la grossesse ou après l'accouchement. Elles peuvent être relativement douloureuses. Pour vous aider, il va falloir apporter une quantité suffisante de liquide et de fibres dans l'alimentation. Le gel d'aloe vera ou l'eau d'hamamélis peuvent soulager localement. Mettez-en sur des serviettes hygiéniques que vous déposerez au congélateur. Le froid associé aux propriétés des plantes atténuera la douleur et diminuera l'inconfort.

La gemmothérapie, c'est-à-dire l'utilisation des bourgeons, peut aussi vraiment vous soulager. Ceux de marronnier, en particulier, contribuent efficacement à décongestionner la zone sensible et facilitent la circulation sanguine.

La position allongée, les fesses surélevées, peut également aider à réduire la sensation de pression et la douleur.

Douleur et brûlures à la miction

Prévoyez une petite bouteille avec un bec gicleur pour aller aux toilettes et vous rincer. Cela permet d'apaiser la sensation de brûlure. Si vous le souhaitez, vous pouvez ajouter quelques gouttes de teinture-mère de *calendula* pour favoriser la cicatrisation, surtout si vous avez eu une épisiotomie.

Perte de cheveux, ongles cassants

Durant la grossesse, la femme enceinte a bien souvent une chevelure de rêve. Après l'accouchement, elle peut pourtant se retrouver avec les cheveux ternes, plats et parfois en chute libre, ce qui génère des inquiétudes tout à fait légitimes. Inspirez-vous des conseils donnés sur l'alimentation de la grossesse (voir p. 48). Avec un peu de patience et une alimentation adéquate, tout reviendra à la normale !

Sensation de lourdeur dans le bas du ventre

Après la naissance du bébé, l'utérus pèse encore un kilo. Or les tissus du plancher périnéal, très sollicités lors de l'accouchement, n'ont pas récupéré leur tonus et sont un peu mous. Il peut en résulter une sensation de lourdeur, réelle et relativement désagréable. Allongez-vous très régulièrement, en soulevant le bassin si possible. Cela libère du poids des organes et facilite la circulation sanguine. Lors de la position debout, enveloppez votre bassin avec un châle ou un rebozo afin de soutenir votre utérus et de soulager vos muscles et vos tendons.

L'alimentation en post-partum

Les aliments à privilégier

Une alimentation adéquate favorise la récupération après la naissance. Voici quelques propositions d'aliments qui soutiennent les fonctions du corps et vous apportent les nutriments dont vous avez besoin :

Nutriments	Sources d'alimentation	Effets positifs
Fer, vitamines B9 et B12	Viande rouge, légumineuses, volaille, œufs et fruits de mer Levure de bière pour les vitamines du groupe B en général	Une carence en fer, en vitamines B9 et/ou B12 peut être responsable de la chute des cheveux.
Oméga-3	Poissons gras, graines de chia, noix, œufs, huile de lin	Les oméga-3 nourrissent en profondeur le follicule du cheveu et favorisent la pousse.
Vitamine C	Fruits et légumes colorés et crus de préférence, si tolérés Le jus d'argousier vous apportera toutes les vitamines, dont la vitamine C dont vous aurez besoin. Un concentré d'énergie et de soleil !	La vitamine C favorise la bonne absorption du fer.
Zinc	Huitres, viande rouge, shiitake, graines de courge, volaille, œufs	Le zinc aide à réduire et à venir à bout des problèmes de peau. Il enraye la chute des cheveux ainsi que les taches blanches qui peuvent se former sur les ongles. De plus, il favorise la cicatrisation des tissus.

Des plats inspirants pour le mois d'or

Il est important de manger chaud afin de soutenir le corps dans son processus de réparation. Par une alimentation adaptée, vous allez doucement retrouver une nouvelle vitalité en fortifiant votre rate. Lorsque celle-ci fonctionne correctement, l'appétit est bon et la digestion, ainsi que toutes les fonctions digestives, s'opèrent de manière optimale. Lorsque l'on est fatigué·e, les organes fonctionnent moins bien. Après une naissance et le « tsunami » physique et émotionnel qui l'ont accompagnée, il est d'autant plus important de soutenir l'organisme en lui apportant de la nourriture chaude pour favoriser l'assimilation et la transformation des aliments.

Des petits déjeuners gourmands

De la semoule aux fraises aux beaux jours

Cette préparation offre une touche de soleil au petit déjeuner, à moins que vous ne la préfériez en dessert ?

INGRÉDIENTS POUR 2 PERSONNES	RÉALISATION
• 4 bonnes cuillerées à soupe de semoule de blé fine (complète de préférence) • 400 ml de lait végétal • 1 cuillerée à café de sucre complet ou de sirop d'érable • Des fraises mûres et juteuses	Dans une casserole, versez le lait végétal et la semoule. Remuez sans arrêt jusqu'à ébullition, puis retirez du feu. Ajoutez le sucre ou le sirop d'érable. Remplissez des petits bocaux et ajoutez les fraises coupées en morceaux. Bonne dégustation !

Boules d'énergie

Faciles à grignoter d'une main en allaitant bébé, elles constituent d'excellentes collations.

INGRÉDIENTS POUR 15 BOULES	RÉALISATION
• 1 tasse d'amandes crues • 1/2 tasse de noix de cajou crues • 1 tasse de dattes sans noyau • 1/4 de tasse d'abricots séchés • 1 cuillerée à soupe de graines de chia • 1/4 de tasse de poudre de cacao • 1 cuillerée à soupe de sirop d'érable ou de miel • 1 ou 2 cuillerées à soupe d'eau, si besoin, pour humidifier la pâte	Dans un robot culinaire, mélangez les amandes et les noix de cajou et hachez-les grossièrement. Ajoutez le reste des ingrédients et poursuivez jusqu'à l'obtention d'une pâte homogène, dans laquelle les divers éléments tiennent ensemble. Façonnez 15 boules d'énergie que vous conserverez au réfrigérateur avant dégustation !

Riz au lait crémeux aux amandes et aux épices

INGRÉDIENTS POUR 2 PERSONNES	RÉALISATION
• 100 g de riz complet ou rond • 300 ml de lait végétal ou animal, au choix • Des épices : cannelle, cardamome, une pincée de clou de girofle • 1 cuillerée à soupe de raisins secs • 1 poignée d'amandes	Faites tremper le riz pendant la nuit. Le lendemain, faites-le cuire 5 minutes dans de l'eau bouillante. Retirez du feu, égouttez, rincez. Dans une casserole, versez le lait de votre choix, le riz, les épices, et faites cuire jusqu'à l'obtention d'un mélange crémeux. Comptez 45 minutes de cuisson pour obtenir un mélange fondant. Ajoutez les raisins secs et dégustez dans votre bol préféré ! Pour une version gourmande, agrémentez d'amandes effilées grillées, si vous le souhaitez, et arrosez d'un filet de miel non pasteurisé.

Tartinade de légumineuses

Les tartinades de légumineuses peuvent être réalisées avec toutes sortes de légumineuses. Elles peuvent être mélangées à des légumes, des épices ou des fines herbes. Laissez-vous inspirer par les saveurs que vous aimez !

RECETTE DE BASE AVEC DES LENTILLES CORAIL

Laissez tremper vos lentilles corail une nuit. Faites-les cuire 15 minutes, égouttez-les.

Salez, poivrez, ajoutez des épices (curry ou cumin, selon ce que vous aimez).

Écrasez ou mixez le mélange et conservez-le dans un joli bocal en verre.

C'est délicieux au petit déjeuner, tartiné sur un bon pain complet ou aux noix. Et c'est encore meilleur sur du pain grillé !

Pour une touche plus gourmande, parsemez votre tartine de graines germées.

Des plats uniques réconfortants pour apporter de l'énergie et une douce vitalité

Polenta crémeuse

INGRÉDIENTS POUR 15 BOULES	RÉALISATION
• 150 g de polenta rapide • 1 œuf • 200 g de champignons de Paris • Des petits oignons frais de printemps ou de la ciboulette • Sel, poivre • Graines de sésame	Portez un litre d'eau à ébullition. Retirez du feu et versez la polenta d'un coup dans la casserole. Remuez pour éviter que ne se forment des grumeaux. Ajoutez l'œuf tout en continuant à remuer. Lavez et coupez les champignons de Paris. Faites-les revenir dans une poêle en les assaisonnant avec du sel, du poivre, des herbes et, à la fin de la cuisson, la ciboulette ou les petits oignons coupés finement. Dans les assiettes, disposez une couche de polenta et recouvrez de champignons aux petits oignons. Vous pouvez saupoudrer de graines de sésame.

Couscous de quinoa

INGRÉDIENTS POUR 2 PERSONNES

- 250 g de quinoa
- 1 grosse patate douce
- 1 morceau de courge butternut
- 1 brocoli
- 1 boîte de pois chiches
- 1 cuillerée à soupe de purée d'amandes
- Paprika
- Curry
- Sel, poivre

RÉALISATION

Faites chauffer à la vapeur la patate douce et le butternut coupés en dés. Au bout d'un quart d'heure, ajoutez le brocoli coupé en petits morceaux.

Faites tremper le quinoa, puis rincez-le. Faites-le cuire 15 minutes environ.

Lavez les pois chiches, assaisonnez-les avec une pincée de paprika, du sel et du poivre.

Préparez la sauce qui sera servie sur le couscous : mélangez et faites chauffer à feu doux 100 ml d'eau chaude, la purée d'amandes et un peu de curry en poudre.

Présentez dans un grand saladier, dans lequel vous aurez mis le quinoa, puis les légumes et la sauce.

Galettes végétales très faciles

INGRÉDIENTS POUR 2 PERSONNES

- Une tasse de flocons de céréales au choix. Je recommande les flocons d'avoine ou de sarrasin.
- De l'eau chaude pour les recouvrir
- 1 bonne cuillerée à soupe de graines de lin moulues ou un œuf au choix
- Sel, poivre
- Graines de tournesol, de sésame ou de courge
- Des herbes aromatiques
- Éventuellement, du gruyère râpé ou du parmesan pour les amateurs de fromage
- Dans ces galettes, on peut aussi ajouter des légumes cuits en morceaux ou en purée, des restes de céréales ou de légumineuses. Elles s'adaptent à toutes les sauces !

RÉALISATION

Mélangez l'ensemble des ingrédients afin d'obtenir une pâte épaisse.

Faites cuire les galettes dans une poêle avec un filet d'huile d'olive, jusqu'à ce qu'elles soient dorées grillées des deux côtés.

Dégustez chaud avec une salade. S'il vous en reste, n'hésitez pas à les congeler pour des repas rapides ou lorsque vous manquerez de temps.

Pensez-y !
Un bon pour...

À la place du énième petit pyjama pour votre bébé, faites-vous offrir des repas, une heure de ménage, une sortie pour l'aîné·e avec une personne qu'elle ou il apprécie... bref, ce dont vous avez vraiment besoin et qui, finalement, n'a pas de prix !

Créez-vous un carnet de chèques-cadeaux-service, que vous pourrez proposer à votre famille et à vos amis pour vous offrir un post-partum plus doux.

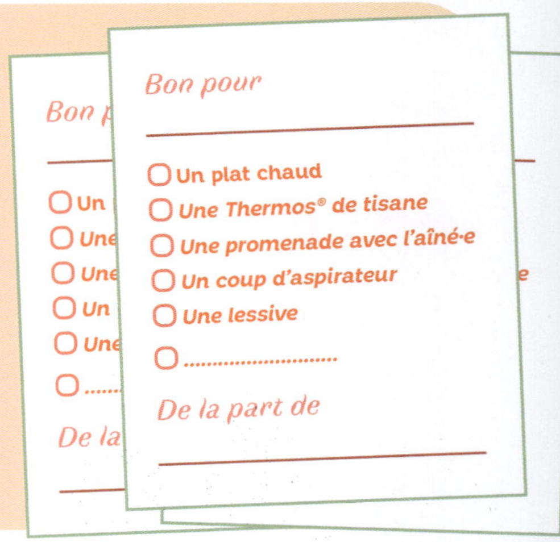

Salade de betteraves aux noix

Très nutritive, la betterave contient du potassium, du sodium, du calcium, du phosphore, du fer, les vitamines A (provitamine), B9 (acide folique), C et des traces de vitamines B1 (thiamine), B2 (riboflavine), B3 (niacine) et B6 (pyridoxine).

Cette salade riche en antioxydants est un vrai régal, parsemée de noix de Grenoble. On pourra choisir la version cuite ou crue.

INGRÉDIENTS POUR 2 PERSONNES	RÉALISATION
• 1 belle betterave (ou deux moyennes), cuite ou crue selon vos souhaits • 1 pomme • Noix de Grenoble • Yaourt (lait animal ou de soja) • 2 cuillères à soupe d'huile d'olive de première pression à froid • 1/2 cuillère à soupe de vinaigre de pomme • De la sauce tamari • Sel, poivre	Préparez les betteraves cuites en les coupant en dés, et si elles sont crues en les râpant. Lavez et râpez une pomme sur les betteraves. Préparez la sauce au yaourt en mélangeant bien le yaourt avec l'huile d'olive, le vinaigre de cidre, le tamari, du sel et du poivre. Versez la sauce sur la salade et parsemez de noix de Grenoble en morceaux. Pour une version plus gourmande, il est possible de faire revenir les noix à sec, dans une poêle, pour les torréfier.

Pâtes aux courgettes et aux graines de tournesol

Ce plat très facile à préparer fera le régal des petits et des grands !

INGRÉDIENTS POUR 2 PERSONNES	RÉALISATION
• 250 g de pâtes au choix • 2 belles courgettes • 1 brique de crème liquide végétale ou animale • Parmesan ou gruyère râpé (facultatif) • Huile d'olive • Poudre d'ail • Sel, poivre	Faites revenir les courgettes coupées en rondelles dans une poêle avec un filet d'huile d'olive. Assaisonnez avec le sel, le poivre et la poudre d'ail. Faites cuire les pâtes, égouttez-les et versez la crème liquide. Servez les assiettes en garnissant les pâtes avec les courgettes et, éventuellement, le fromage râpé. La salade de betterave pourra être servie en entrée.

Pour compléter votre alimentation :

- **Pour un apport en oméga-3, ajoutez chaque jour de bonnes huiles dans vos plats (voir p. 58).**
- **Buvez de l'eau, des tisanes, des substituts au thé et au café (voir p. 62).**

Soutenir le post-partum en douceur avec les plantes

Vous pouvez ressentir de la fatigue, voire de l'épuisement. Votre corps a fourni un travail énorme dans le processus de la naissance. Il peut avoir besoin d'un petit coup de pouce. Certaines plantes adaptogènes vont soutenir votre organisme.

En effet, la fonction des plantes adaptogènes est d'augmenter la capacité d'adaptation de l'organisme au stress. Elles rééquilibrent le corps sans épuiser les fonctions hormonales, nerveuses et immunitaires. Ces plantes peuvent être utilisées après un accouchement, où l'organisme a été mis à rude épreuve. Efficaces mais douces, les plantes adaptogènes vous redonneront de la vitalité en respectant votre rythme.

L'ortie

Elle est riche en fer, en calcium, en magnésium, en potassium, en soufre, en chlorophylle et en vitamines. Elle a une action sur l'organisme entier : elle fortifie les reins, stimule le système immunitaire et augmente la fabrication de globules rouges.
Elle peut être utilisée en période de grossesse et d'allaitement. Il est possible de la consommer en tisane, chaude ou à température ambiante, mais également en poudre sur vos plats.

Les baies de goji

Avec 21 vitamines, des minéraux et des oligoéléments, ces baies sont très riches et représentent un vrai concentré d'énergie. Vous pouvez les manger telles quelles, mais aussi les boire après les avoir laissées infuser pendant une heure. Savourez votre décoction, qui va jouer le rôle de tonique immunitaire, et dégustez les fruits.

Les sommités d'avoine fleuries

L'avoine est un tonique majeur du système nerveux. Elle est très riche en vitamines, en minéraux et en oligoéléments.
On peut l'utiliser pendant la grossesse et l'allaitement. Elle a une action sur la fatigue, les troubles de l'humeur et l'anxiété. On peut la mélanger à de l'ortie pour la boire en infusion tout au long de la journée ou, au moins, trois tasses par jour.

Attention !

Il est toutefois important de respecter le temps de repos nécessaire à la récupération de l'organisme. Les plantes adaptogènes vous redonneront une vitalité grâce à laquelle vous pourrez vous ressourcer pour reprendre des forces et de l'énergie. Le repos consolidera leur action.
Il est recommandé d'accompagner le processus de régénération en douceur et de vous offrir des siestes lorsque votre bébé dort.

Prendre soin de soi

J'écrivais plus haut que, durant ce mois d'or, la jeune maman a besoin d'être maternée, ce qui est vrai. Mais cela n'exclut pas qu'elle reste actrice de son bien-être. Il existe différentes petites choses qui renforceront sa sérénité et donneront de l'énergie à la jeune maman. Ces actions naturopathiques soutiendront positivement cette période.

Identifiez vos besoins

Nous grandissons souvent coupé·es de nos ressentis, sans conscience de nos véritables besoins. Cet apprentissage, qui peut se faire dès l'enfance, peut se réapprendre à l'occasion de la maternité. S'il n'est pas écouté, le corps finit par se déséquilibrer. Je vous invite à prêter une oreille attentive à votre corps en développant votre ressenti afin de laisser émerger vos besoins essentiels du moment.

15 minutes pour soi

Offrez-vous chaque jour 10 à 15 minutes dans votre salle de bains, dans le jardin ou dans votre lit pour un tête-à-tête avec vous-même. Ce temps pourra par la suite augmenter, mais pas forcément de manière linéaire, et parfois vous n'en aurez peut-être même pas envie. Laissez évoluer cette pratique au fil du temps et voyez à quels besoins elle peut répondre.

5 minutes en amoureux

Sur le même principe, offrez-vous un temps choisi avec votre conjoint·e. Un moment de tendresse, où vous prenez le temps de vous regarder dans les yeux, de vous redécouvrir. Cinq minutes vous paraissent trop peu ? Dites-vous que ces quelques minutes sont précieuses et qu'elles nourrissent votre relation. Ce moment pourra également être allongé avec le temps. L'idée est de ne pas oublier votre couple.

Méditation, relaxation, visualisation, respiration

Prendre quelques minutes pour respirer en conscience et se replonger dans une relaxation pratiquée durant la grossesse (celle du lieu réconfortant comme lieu de paix et de bien-être, par exemple) permet de se détendre et de sécréter des hormones de bien-être. Ce temps appréciable vous invite à revenir au centre de vous-même, à écouter vos besoins et à apprécier l'instant.

De l'air frais et du mouvement

Chaque jour, il est important de sortir prendre l'air ou, au moins, de vous aérer à la fenêtre et de faire quelques mouvements. L'objectif est de redonner au corps la possibilité de se mouvoir, juste pour le plaisir de le sentir vivant et de le réapprivoiser. Les deux premières semaines, vous prendrez peut-être l'air frais à la fenêtre, sur votre balcon ou en faisant un petit tour dans votre jardin. Les besoins et les envies fluctuent. Respectez-vous.

Massage et automassage

Si vous avez la possibilité de vous faire masser durant cette période, faites-le ! Les bienfaits du massage sont nombreux et ils vous aideront à vous détendre, à mieux dormir, à vous sentir ressourcée et mieux dans votre corps.

Si vous n'en avez pas la possibilité, il est possible de vous faire quelques automassages, qui vous permettront de rapprivoiser certaines parties du corps. Le ventre est l'une d'entre elles. Préparez une huile végétale à l'huile essentielle de rose (voir ci-dessous). Posez les mains sur votre ventre et massez-le tout doucement pour reprendre contact avec lui et en hydrater la peau.

Si vous avez eu une césarienne, le massage vous aidera à vous reconnecter à votre corps. Une fois la plaie guérie, il est important de masser la cicatrice afin de prévenir les adhérences[1], qui peuvent causer d'autres problèmes. Je vous invite par ailleurs à aller voir un·e ostéopathe, qui saura vous montrer précisément quels gestes faire pour prendre soin de cette zone au quotidien.

Huile de massage « Moment de douceur »

- **50 ml d'huile d'amande douce**
- **1 goutte d'HE de rose ou de bois de rose**

Cette huile constitue un beau cadeau de naissance, aussi bien pour la mère que pour l'enfant. Hydratante et réconfortante, elle peut être utilisée pour les soins de la peau, le massage du ventre de la maman, le massage du bébé ou encore le bain à l'huile.

Il est également possible de pratiquer un automassage des pieds.

En position debout ou assise, à l'aide d'une balle de tennis ou d'un petit rouleau de massage en bois, massez un pied, ressentez les bienfaits, puis passez à l'autre pied. Sous les pieds, il y a des zones réflexes qui correspondent aux différents organes du corps. En faisant un massage complet, vous stimulez votre énergie globale. Si vous souhaitez vous offrir un massage des pieds, consultez un·e réflexologue plantaire. Détente et bien-être assurés, sans compter les nombreux bienfaits thérapeutiques de cette approche !

Vous pouvez aussi vous automasser les trapèzes, zones où se logent de multiples tensions. Je vous invite à étirer votre corps chaque jour : cela fait énormément de bien et libère les tensions accumulées.

1 Après une opération, la peau peut se coller aux fascias (membrane interne qui enveloppe nos organes) ; c'est ce qu'on appelle les adhérences.

Poser des mots sur le vécu : le journal de naissance

Dans les rencontres que j'anime avec les femmes autour de la maternité, je m'aperçois combien cette approche est libératrice et permet la prise de recul. Elle permet de laisser couler les mots sans contraintes ni censure et autorise ainsi un certain lâcher-prise. Se retrouver face à la page blanche permet d'aller puiser au fond de soi ce qui n'a pas encore eu l'occasion d'être dit. Le mode d'écriture automatique, très puissant, libère le flux.

Avant d'accéder à l'essentiel, il est fréquent de commencer par des faits de moindre importance. Puis, comme le fil rouge d'une bobine que l'on tire, les mots se succèdent pour finalement accoucher de ce qui peut l'être. On ne force rien, évidemment. Tout se fait au rythme de la personne. Ce qui est sûr, c'est que ces mots et ces phrases libérées offrent l'apaisement du cœur. Raconter son accouchement est un rendez-vous que vous prenez avec vous-même pour honorer la mère que vous êtes devenue, votre naissance à vous-même et celle de votre bébé.

Choisissez une feuille ou un carnet et votre crayon préféré. Mettez une musique qui vous inspire, allumez une bougie et offrez-vous un moment de calme pour laisser danser la plume !

6

De l'allaitement à la diversification alimentaire

Quand le bébé pleure
Laissez-le téter du lait
Au sein de sa mère.
Il n'y a pas d'heure fixe
Pour l'allaitement au sein.
Le premier remède pour l'enfant
C'est le sein de sa mère[1].

Okot p'Bitek, poète ougandais

L'allaitement

L'allaitement est la manière la plus adaptée de nourrir un bébé. S'il y a peu de contre-indications à l'allaitement, les choses ne sont pas toujours si simples. Parler de l'allaitement, c'est inviter chaque femme, chaque couple à pousser la porte de son histoire personnelle pour comprendre les enjeux de ce choix et ce à quoi il se rapporte. Même si le lait maternel est particulièrement adapté au bébé et qu'aucun lait artificiel ne l'égale, la décision d'allaiter ne s'impose pas ; c'est la femme qui la prend.

La tétée d'accueil

Cette première tétée est intuitive et couronne la rencontre entre la mère et son bébé. En salle de naissance, on la propose de manière presque systématique. Cette tétée a plusieurs intérêts. Pour la maman, elle favorise l'expulsion du placenta en stimulant les contractions. Pour le bébé, elle adoucit la venue au monde, car l'accouchement peut être pour lui un moment difficile. Parfois, une maman hésitante peut se décider à ce moment de poursuivre l'allaitement.

Bien plus qu'une fonction nourricière

L'allaitement va bien au-delà de cette seule fonction en participant à la sécurité affective de l'enfant et en permettant à la maman de tisser le lien avec son bébé. C'est une forme de communication subtile et puissante, nourrie de caresses et de regards qui font exister la mère et l'enfant dans une relation singulière. Mais il est vrai qu'allaiter nécessite parfois de persévérer dans son choix pour un bénéfice et une satisfaction à long terme.

1 Claude-Suzanne Didierjean-Jouveau, *Anthologie de l'allaitement maternel*, Genève, Éditions Jouvence, 2020

La physiologie de l'allaitement

La lactogénèse est un phénomène physiologique. Durant la grossesse, les hormones placentaires ont déjà une action sur la préparation à l'allaitement : les œstrogènes favorisent le développement des canaux galactophores et la progestérone permet le développement des acini et l'hypertrophie des cellules sécrétoires.

À la naissance, l'expulsion du placenta entraîne la chute du taux de progestérone, qui déclenche une augmentation de la sécrétion de prolactine et d'ocytocine et, de ce fait, la montée de lait, environ trois jours après. Sous l'effet de la prolactine, les lactocytes assurent la synthèse et le stockage du lait. Sous celui de l'ocytocine, les cellules myoépithéliales, qui entourent les lactocytes, se contractent et permettent l'éjection du lait vers l'extérieur *via* les canaux galactophores.

La tétée du sein par le bébé engendre un rétrocontrôle positif qui va entretenir la lactation. Le bébé est là, dans les bras de sa mère qui sécrète de l'ocytocine (l'hormone de l'amour) et stimule la lactation.

Préparer les seins à l'allaitement

Si les études ne montrent pas un effet probant sur la mise en place de l'allaitement, il peut néanmoins être intéressant d'apprendre à masser les seins et de vous familiariser avec des techniques de compression mammaire, qui pourront vous être proposées afin de bien vider le sein après les tétées et prévenir ainsi les risques d'engorgement.

Dans les cas de mamelons ombiliqués, une préparation peut permettre de le faire ressortir en le comprimant délicatement ou en y appliquant du froid.

Pour le massage des seins avant la naissance, vous pouvez utiliser une huile végétale de votre choix (voir p. 47).

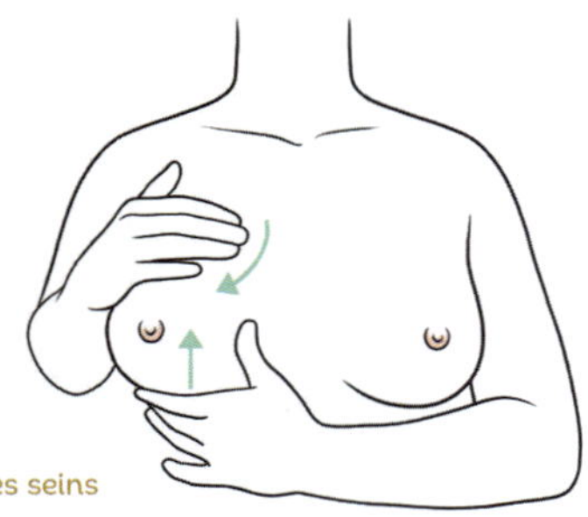

1.
Massage des seins

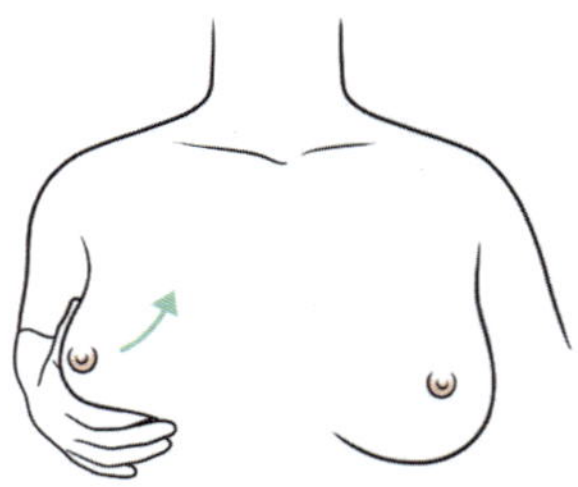

2.
Mouvement vers la cage thoracique, avec la main en C

Illustrations de Emmanuelle Pioli, extraites du livre *L'allaitement en pratique*, Evelyne et Allowen Evin, Éditions Mango, 2020

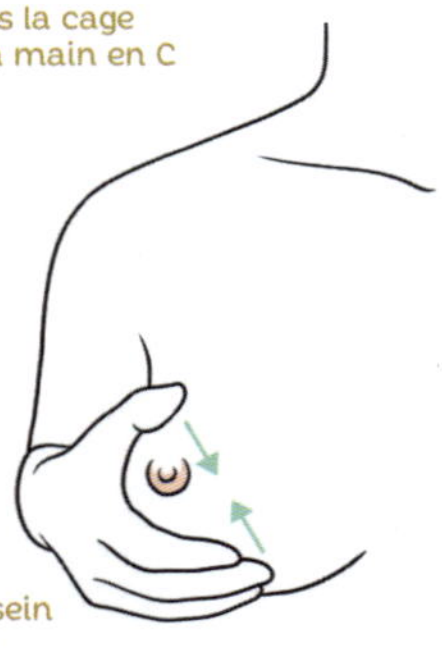

3.
Compression du sein sans douleur

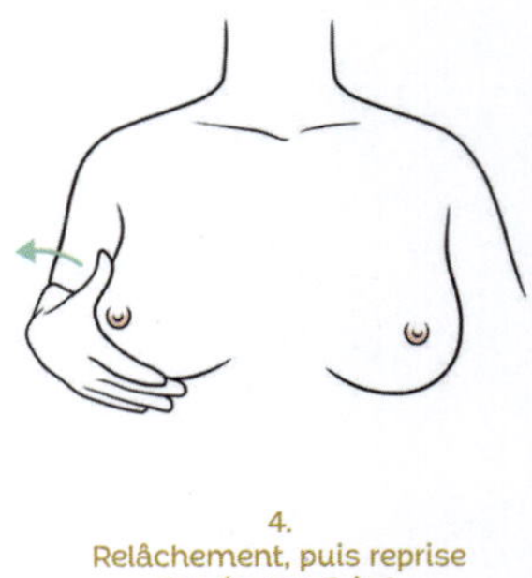

4.
Relâchement, puis reprise des étapes 2 à 4.

Quèsaco ?
La prolactine et l'ocytocine

La prolactine est l'hormone impliquée dans la production du lait maternel. L'ocytocine, aussi appelée « hormone de l'amour », guide les comportements maternels, favorise le lien d'attachement et est responsable de l'éjection du lait. Dépendante de l'état émotionnel de la maman, l'ocytocine est très sensible au stress et à l'anxiété, d'où l'importance de mettre en place des conditions favorables à la mise en route de l'allaitement.

Quand et comment mettre son enfant au sein ?

Les premières 24 heures de sa vie, le bébé est souvent endormi et tète une, deux, trois fois ou plus, selon les bébés. La naissance peut avoir été difficile pour lui et il a besoin de récupérer.

Une fois les premières 24 heures passées, il est important d'allaiter l'enfant lors de ses périodes d'éveil. N'attendez pas que votre bébé pleure pour le mettre au sein, devancez sa demande lorsqu'il semble éveillé et disponible.

Un nouveau-né tète souvent, ce qui stimule la production de prolactine et d'ocytocine, augmente la production de lait et favorise le lien mère-enfant.

Durant les quatre à six semaines qui suivent la naissance, il est conseillé de mettre le bébé au sein le plus souvent possible, sans restriction de durée et de quantité. Cela va permettre la mise en place de l'allaitement.

Le colostrum, un liquide précieux

La composition du colostrum correspond aux besoins du nouveau-né ; énergétique et idéalement adapté en qualité et en quantité, ses bienfaits sont nombreux :

- Il possède des propriétés antidéshydratantes.
- Il est antihypoglycémiant.
- Il joue un rôle dans le développement de l'immunité.
- Il stimule l'évacuation du méconium grâce à ses vertus laxatives.

De couleur jaune-orangé, le colostrum est un concentré d'anticorps destinés à protéger les muqueuses respiratoires et digestives du nouveau-né, et un lysozyme (enzyme bactéricide). Il est également riche en protéines et contient des immunoglobulines A (pour lutter contre les toxines et les micro-organismes) et des acides gras polyinsaturés à longues chaînes (pour la croissance du cerveau). Le colostrum prépare en outre une flore intestinale riche et en bonne santé.

Attention à la confusion sein et tétine !

La prise du sein nécessite une position particulière de la langue du bébé et du mamelon dans sa bouche. C'est une succion pleine et la langue fait un large mouvement d'ondulation.
La mise en place d'une tétine ou la prise précoce du biberon peut venir perturber ce processus de tétée au sein dans les premiers temps de l'allaitement maternel, au profit d'une succion superficielle, qui correspond à celle de la position du bébé au biberon (ou à la tétine).

La montée de lait

La montée de lait à lieu entre 2 et 5 jours après l'accouchement et dure de 24 à 72 heures. Votre poitrine est gonflée, parfois un peu tendue. Mettez votre bébé au sein régulièrement. S'ils sont trop gonflés, il peut être utile de les assouplir, soit en y mettant de la chaleur, soit en pratiquant un massage pour extraire un peu de lait.

La composition du lait maternel, une formule unique

Le lait maternel contient :

- des protéines, des glucides et des lipides ;
- des enzymes (qui permettent l'assimilation des graisses), des protéines, des sucres ;
- de nombreuses vitamines ;
- des oligoéléments et des sels minéraux d'une excellente biodisponibilité ;
- une protéine spécifique, la lactoferrine qui possède des propriétés anti-infectieuses et anti-inflammatoires. Elle protège la muqueuse intestinale et favorise la croissance du microbiote, siège entre autres de l'immunité.
- plus de 200 oligosaccharides, qui vont permettre la formation d'un microbiote intestinal sain chez votre bébé.

La particularité du lait maternel est qu'il s'adapte aux besoins de l'enfant au fil du temps. En effet, le lait produit pour un bébé d'une semaine n'est pas le même que celui pour un bébé de quatre mois. Il change aussi de composition au cours de la tétée.

Le lait maternel contient tous les macronutriments, micronutriments, vitamines et oligoéléments nécessaires à la croissance de bébé, aussi bien en quantité qu'en qualité.

Taille de l'estomac du nouveau-né

Le processus d'allaitement : une subtile alchimie

L'allaitement est un savant mélange d'hormones, de confiance en soi et en son bébé, mais aussi de petites choses qui, mises bout à bout, permettent de créer une atmosphère favorable. Les émotions, par exemple, peuvent venir perturber ou, au contraire, faciliter l'allaitement, d'où l'intérêt de créer un environnement adéquat et doux pour la maman.

Afin de ne pas vous laisser déstabiliser par les avis de tante Rose et de cousine Amélie, informez-vous, assistez à des séances de préparation à l'allaitement, contactez des groupes d'entre-aide, en tout cas ne restez pas seule avec vos questions.

Les règles d'or pour allaiter sont les suivantes :

- la tétée d'accueil ;
- le peau à peau fréquent les premières semaines ;
- un maternage de proximité avec une réponse aux pleurs de votre bébé ;
- le *co-rooming* ou le *co-sleeping* pendant les six premiers mois ;
- la présence du coparent, lorsque c'est possible, et son information sur l'allaitement ;
- la conscience du présent, pour allaiter en pleine conscience ;
- des vêtements confortables et adaptés ;
- une hydratation et une alimentation régulière.

Le saviez-vous ?

Le peau à peau est essentiel pour le bébé, il permet :

- de stabiliser sa respiration et sa glycémie ;
- d'atténuer ses pleurs, car votre bébé se sent rassuré ;
- de développer le lien d'attachement ;
- de réguler sa température corporelle.

Les différentes positions d'allaitement : favoriser une bonne installation

Il est essentiel que vous soyez à l'aise pour allaiter votre bébé et que sa position au sein soit confortable (voir p. 147). L'allaitement ne devrait pas être douloureux.

Il est important que le bébé prenne toute l'aréole dans sa bouche afin que sa langue vienne embrasser le mamelon (qui va s'aplatir de tout son long sur son palais) et exprimer le lait dans sa bouche, sous l'influence de la succion. Dans cette position, la production du lait sera stimulée.

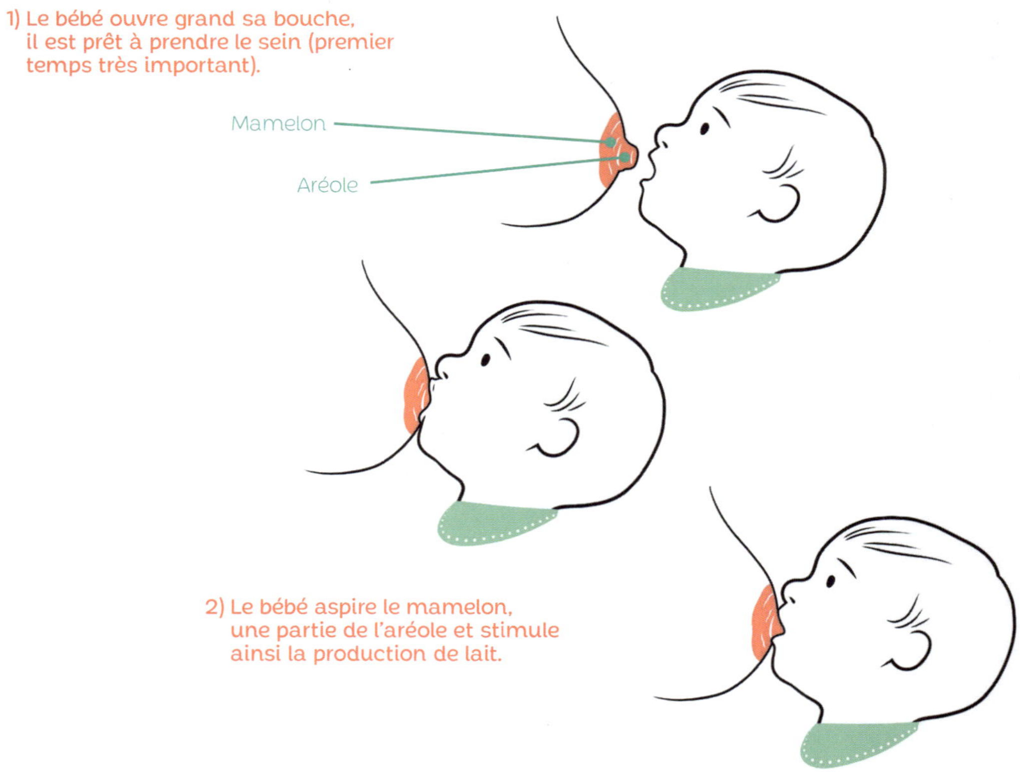

Illustrations de Emmanuelle Pioli, extraites du livre *L'allaitement en pratique*, Evelyne et Allowen Evin, Éditions Mango, 2020

Dans un premier temps, favorisez la position ventre contre ventre. Dans cette position, le corps du bébé est collé contre celui de sa mère. On peut imaginer une ligne droite imaginaire passant entre l'oreille, l'épaule et la hanche du bébé. Par la suite, vous trouverez les positions dans lesquelles vous vous sentez le plus à l'aise. Les plus fréquentes sont :

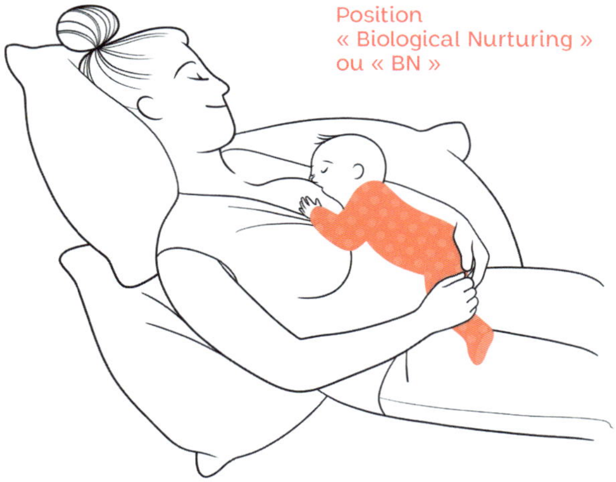

Position « Biological Nurturing » ou « BN »

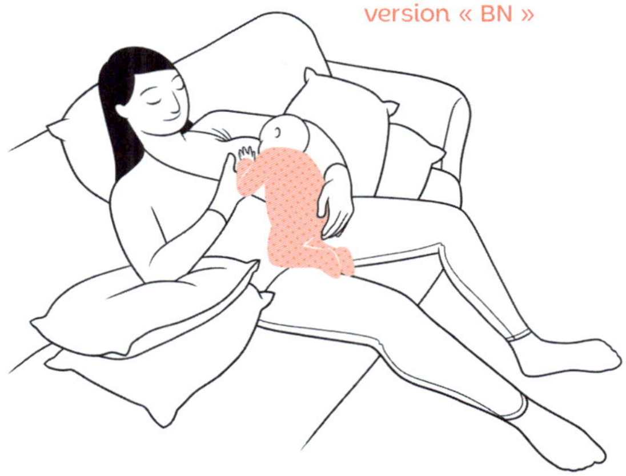

Madone inclinée version « BN »

Madone inversée inclinée version « BN »

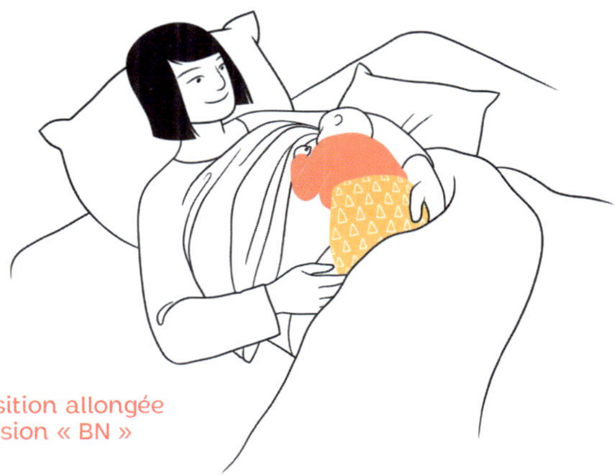

Position allongée version « BN »

Un allaitement à la demande ?

Que signifie exactement l'allaitement à la demande ? Dans les premiers temps de la mise en place, il ne s'agit pas d'attendre que le bébé pleure pour réclamer le sein. Il faut au contraire de le lui proposer à chaque moment d'éveil pour favoriser la mise en place de la lactation.

Puis quand il grandira, les rythmes seront davantage définis et les moments d'éveils seront vécus différemment, à travers des activités de découverte du monde. Dans les bras de ses parents, le bébé posera son regard sur son environnement, accompagné de paroles douces qui lui permettront d'appréhender son lieu de vie. Il sera capable de rester quelques instants seul sur un tapis de jeu, sur le dos ou sur le ventre, avec quelques objets aux matières douces ou sonores. Les moments des tétées seront des temps de réconfort, d'alimentation et de pause dans les bras de maman.

Quid des coussinets d'allaitement ?

Privilégiez des coussinets en laine ou en soie. Ces fibres naturelles ne retiennent pas les bactéries et ne sont donc pas un réservoir de germes. Elles sont également anti-inflammatoires.

La laine réchauffe la poitrine et absorbe jusqu'à 40 % de son poids en liquide. La poitrine reste sèche, car les liquides sont évacués vers l'extérieur.

La soie est douce et bien tolérée, surtout par les femmes sensibles à la laine, car elle n'occasionne aucune irritation. De plus, cette fibre a une action de régulation thermique et un effet curatif sur les peaux abîmées, comme nous allons le voir pour les crevasses.

Il est également possible d'opter pour des coquillages d'allaitement ou des coupelles en argent, qui éviteront le frottement du tissu sur la partie blessée.

Comment savoir si mon bébé prend assez de lait ?

Dans les premiers temps de l'allaitement maternel, cette question revient fréquemment et c'est bien normal. Je vous propose d'identifier les signes d'une tétée efficace du côté maternel et du côté du bébé :

CÔTÉ DE LA MAMAN	CÔTÉ DU BÉBÉ
Picotements mammaires	**Déglutition sonore**
Tensions des mamelons	**Bébé calme et apaisé après la tétée**
Contractions utérines (au début de l'allaitement, dans les jours qui suivent la naissance)	**Bonne position au sein**
Soif	**Plus de six couches mouillées par jour**
Sensation de sein plus souple après la tétée	**Émission du méconium (dans les jours qui suivent la naissance)**
Écoulement du deuxième sein	**Prise de poids régulière et harmonieuse (en moyenne 150 g par semaine les 3 premiers mois)**
	Selles liquides jaune d'or (les bébés ont souvent une selle après chaque tétée, mais ce n'est pas systématique).

Un bébé satisfait par les tétées a régulièrement des périodes d'éveil durant lesquelles il découvre le monde et pendant lesquelles vous pouvez entrer en contact avec lui.

Durée de l'allaitement

La durée de l'allaitement est variable selon les femmes et les enfants. Une grande majorité de femmes allaitent entre trois et six mois et arrêtent au moment de la diversification alimentaire. Certaines vont beaucoup plus loin et c'est l'enfant qui se sèvre spontanément, lorsqu'il est prêt. On parle alors d'allaitement non écourté.

L'Organisation mondiale pour la santé recommande un allaitement exclusif jusqu'à six mois, prolongé jusqu'à deux ans en complément de la diversification alimentaire. Poursuivre un allaitement long est un choix personnel.

PETITE NOTE IMPORTANTE

Si, pour une raison ou une autre, l'allaitement ne se passe pas comme vous l'aviez imaginé et vous souhaitez arrêter plus tôt que prévu, dites-vous qu'il y a d'autres moyens pour accompagner votre tout-petit sur les chemins de l'existence.

Vous pouvez continuer à faire du peau à peau, à le porter, à répondre à ses besoins, à ses pleurs. Vous pouvez lui chanter des chansons, lui parler... être là, tout simplement.

Essayez de balayer la culpabilité et suivez votre cœur. Vous êtes la maman idéale pour votre enfant !

Les besoins de la maman

L'allaitement nécessite une ambiance douce dans une intimité choisie. Il est difficile d'allaiter, dans les débuts tout au moins, sous les regards, confrontée à des commentaires et autres conseils. L'idée est de créer sa bulle pour développer le lien avec son bébé.

Un coin à soi

Être confortablement installée pour allaiter participe au succès de l'allaitement. En effet, afin que l'absorption de nourriture du bébé soit réussie, outre le calme extérieur, le calme intérieur de la maman est important. Je recommande de s'installer un espace à soi, avec un fauteuil confortable et un coussin d'allaitement, un petit banc pour avoir les jambes à angle droit, un châle douillet – dans lequel vous pourrez vous emmitoufler – et une petite table sur laquelle vous aurez préparé des collations à base de fruits secs et d'oléagineux, de l'eau, un Thermos® de tisane et, éventuellement, un bon livre (certaines tétées durent longtemps et il est possible pour la maman de prendre du temps pour lire) ou de la musique douce. Si ce coin est un petit refuge, il sera agréable de s'y lover, imbibée d'ocytocine, et de faire de l'allaitement un moment de détente.

Des collations gourmandes et appétissantes

L'importance de l'alimentation n'est plus à prouver. Durant l'allaitement, il est important que la maman puisse prendre des collations car, souvent, l'allaitement donne faim. Choisissez de préférence des fruits secs, des oléagineux, des fruits ou encore des légumes crus à croquer. Les boules d'énergie sont également une option intéressante (voir p. 128).

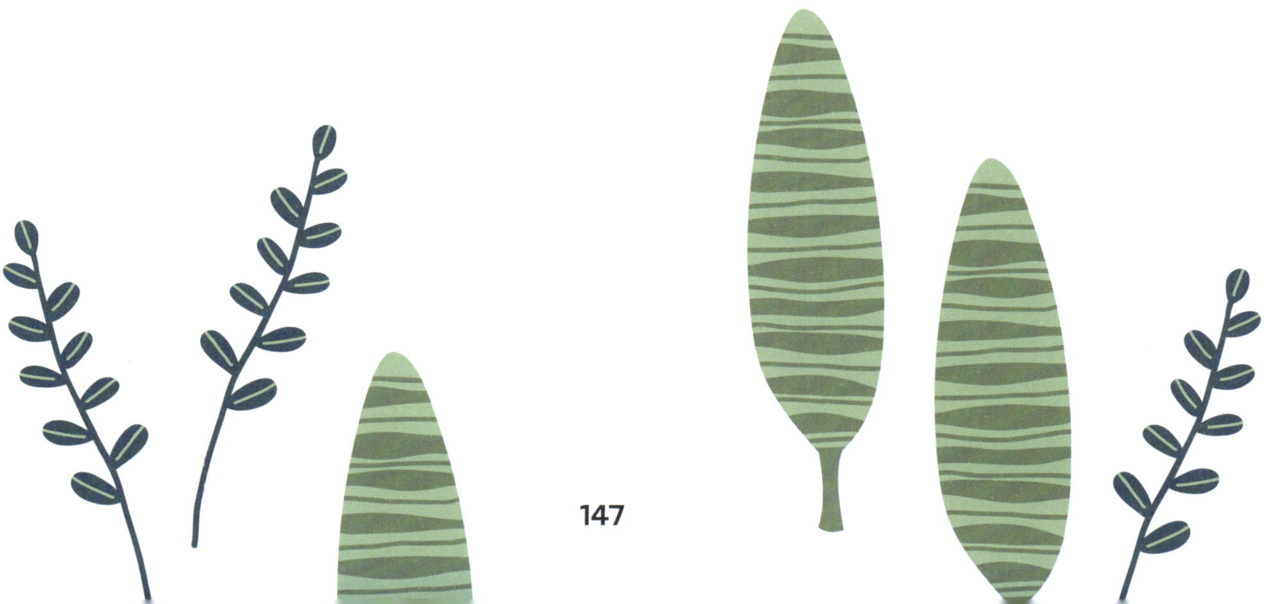

S'hydrater

L'importance d'une hydratation optimale pour la santé fait partie des principes de base de la naturopathie, mais elle est d'autant plus importante durant l'allaitement.

En effet, la production de lait maternel (composé à 87 % d'eau en moyenne) augmente progressivement pendant la période de lactation pour atteindre 750 ml par jour, six mois après la naissance. En outre, l'ocytocine sécrétée durant l'allaitement provoque une sensation de soif ressentie par la maman. La nature est bien faite !

Pensez donc à boire régulièrement et installez de quoi vous hydrater dans votre coin d'allaitement, pour ne manquer de rien.

En plus de l'eau, vous pouvez boire des tisanes galactogènes. Différents laboratoires en produisent de bonnes. Weleda, par exemple, en fabrique deux types : l'une est à base de fenouil, fruitée et aromatisée aux fruits rouges, et l'autre est plus nature, à base de fenouil et de verveine.

Vous pouvez également composer vos propres mélanges, à l'image des deux préparations que je vous propose plus loin (voir p. suivante : les tisanes galactogènes).

Quelles boissons pendant l'allaitement ?

- Buvez au minimum deux litres d'eau par jour (de source et plate de préférence).
- Évitez les boissons froides pendant la montée de lait, car le froid l'interrompt.
- Les infusions de fenouil ont un effet galactogène et pourront en plus soulager les inconforts digestifs, notamment les gaz.
- Évitez de consommer du café, des sodas ou de l'alcool, et préférez des substituts (voir p. 62)

Connaître les périodes de pointe

Il est essentiel pour les futurs parents d'être informés sur ces périodes de pointe, qui sont des paliers nécessaires pour que le bébé puisse adapter la production de lait à ses besoins, en lien avec sa croissance. Dans ces moments-là, le bébé réclame à boire très souvent, ce qui peut être déstabilisant. Cette situation peut faire douter les mères de leur capacité à produire suffisamment de lait pour nourrir leur enfant. Attention aux conseils et aux recommandations contradictoires qui, parfois, amènent à renoncer à l'allaitement au profit du biberon, alors que ces périodes de pointe sont normales.

Elles se produisent à 1 semaine, 3 semaines, 6 semaines, 3 mois, 6 mois et 9 mois. Dans ces moments-là, je vous invite à mettre l'enfant au sein autant que nécessaire, de boire beaucoup, de vous nourrir d'aliments réconfortants et de vous reposer le plus possible.

ZOOM

Les plantes de l'allaitement

De nombreuses plantes vous apporteront les minéraux dont vous avez besoin et stimuleront la lactation. Par exemple : l'anis vert, le carvi, le cumin, le fenouil, le houblon, l'orge germé et l'ortie.
Le matin, vous pouvez préparer une théière avec une belle cuillerée à soupe de plantes et boire ce mélange au cours de la journée.
Si vous avez suffisamment de lait, l'ortie seule vous sera bénéfique pour soutenir l'organisme et lui apporter les minéraux nécessaires.
Attention au persil, qui a tendance à diminuer la production lactée.

TIPPS **Tisanes galactogènes**

Différentes au goût, les deux tisanes qui suivent sont toutes deux efficaces pour stimuler l'allaitement. Veillez à choisir des plantes d'origine biologique afin d'éviter les pesticides, qui passent dans le lait.
Mélangez les plantes dans un joli bocal et pensez à noter leurs noms sur une étiquette ainsi que la date de préparation. Ces tisanes pourront constituer de jolis cadeaux de naissance.

Mélange fleuri

- **50 g de fleurs de camomille**
- **50 g de cataire**
- **15 g de graines de fenouil**
- **30 g d'ortie**
- **15 g de fleurs de lavande**
- **250 ml d'eau à 90 °C**

Ce mélange peut être bu durant toute la durée de l'allaitement. Il nourrira le lait (ortie), apportera calme et détente à la maman et au bébé (cataire, camomille, lavande) et soulagera les difficultés digestives si nécessaire (l'ortie et le fenouil ont en plus un effet galactogène). Buvez-en au moins trois tasses par jour.

Mélange anisé

- **25 g de fenugrec, galactogène, régule la glycémie**
- **25 g d'anis, diminue et soulage les ballonnements**
- **25 g de carvi, galactogène et antispasmodique des muscles de l'appareil digestif**
- **25 g de fenouil, favorise la digestion et anti-ballonnement**
- **25 g d'ortie : enrichit le lait et a en plus une action galactogène, adaptogène et reminéralisante**

Buvez trois tasses de ce mélange par jour.

Que manger quand on allaite ?

Pendant l'allaitement, les besoins énergétiques sont augmentés de 750 kcal par rapport à avant la grossesse et il est important de veiller à avoir des apports suffisants en calcium.

Préférez une alimentation d'origine biologique, saine, vivante et équilibrée afin de fournir au corps tous les nutriments (vitamines, minéraux et oligoéléments) dont il a besoin, à la fois pour récupérer de l'accouchement et pour participer à la production de lait. Mais l'idée est aussi que vous vous fassiez plaisir en mangeant ce que votre corps vous demande et ce que vous aimez !

La démarche s'apparente donc à celle que vous avez adoptée pendant votre grossesse. Pour cela, référez-vous à la partie « Que ton alimentation soit ta médecine » (voir p. 48).

On entend parfois des conseils d'éviction de certains aliments, comme les choux ou les épices. Mangez ce que vous voulez ! Quand il était dans votre ventre, le bébé goûtait déjà ces molécules aromatiques par le biais du liquide amniotique. Votre repère incontournable sera le comportement de votre bébé. S'il ne supporte pas quelque chose, vous en serez vite informée. J'ai rencontré un jour une femme indienne qui, à la maternité, mangeait les plateaux-repas qu'on lui servait, très différents de son régime habituel. Le bébé tétait peu et sans grand enthousiasme. Des amies sont venues lui rendre visite avec un plat indien. Le soir même, le bébé s'est mis à téter avec vigueur et efficacité. Il reconnaissait les saveurs auxquelles il était habitué !

Pour stimuler la montée de lait, il est conseillé de consommer :

- des fruits et légumes (carottes crues, jus, salade, topinambours) ;
- des céréales complètes (flocons d'avoine, par exemple) ;
- des oléagineux (amandes, noix, noisettes) ;
- du lait végétal d'amande, de riz ou d'avoine.

Privilégiez des petits déjeuners salés et protéinés : deux œufs à la coque, une tranche de jambon ou, pour une version végétale, des tartinades de légumineuses (voir p. 128).

Reposez-vous autant que possible et, quand le bébé dort, profitez-en pour faire un somme.

Se sentir belle : des vêtements adaptés

Il existe une multitude de propositions de vêtements d'allaitement. Choisissez-les idéalement en matières naturelles (coton, soie ou laine) de manière à pouvoir les laver facilement. En effet, une fois l'allaitement installé, il n'est pas rare d'avoir des « fuites » de lait ou que le nouveau-né régurgite après son repas.

De nombreuses marques (Tajinebanane, Milker, Seraphine ou Envie de fraise, par exemple) proposent des vêtements pratiques et élégants. Vous trouverez certainement ce qui convient à votre style.

Je recommande également un joli châle, qui deviendra votre allié pour allaiter. Il vous offrira un confort moelleux pour vous emmitoufler avec votre bébé lors des tétées, de jour comme de nuit. Cela peut faire l'objet d'un beau cadeau de naissance, qui vous servira longtemps !

Des débuts parfois difficiles

Les crevasses

La plupart du temps, les gerçures sont dues à une mauvaise position du bébé au sein. La douleur est importante lorsque le bébé se met à téter, puis elle s'atténue. Les crevasses ne sont pas une raison pour arrêter l'allaitement, mais il est important de revoir certaines petites choses pour rendre l'allaitement possible sur la durée.

Les causes principales de crevasses au mamelon sont :

- les mauvaises postures d'allaitement ;
- une mauvaise prise du sein ;
- un frein labial ou lingual ;
- un réflexe d'éjection fort ;
- la confusion sein-tétine.

Parallèlement au soin apporté à la crevasse, il est important d'identifier le ou les problèmes qui l'ont causée.

La première chose à faire est de revoir la position du bébé au sein. L'enfant doit prendre en bouche l'aréole et ne pas malmener le mamelon. Pour retirer l'enfant du sein, introduisez un doigt dans le creux de sa bouche pour le lui faire lâcher.

Après chaque tétée, appliquez un peu de lait maternel sur l'aréole, en particulier sur la partie douloureuse. Laissez sécher à l'air autant que possible. Les coussinets en soie ont un effet apaisant sur la peau, mais évitez à tout prix l'humidité. Les coussinets dans les soutiens-gorge sont donc à changer régulièrement.

Si vous avez opté pour les coquillages d'allaitement ou les coupelles en argent, veillez les nettoyer chaque jour à l'eau avec savon doux.

Tout comme l'arnica en 5 CH, l'application de miel pharmaceutique peut aider à apaiser la douleur due aux crevasses, protéger la peau et favoriser la cicatrisation. Vous pouvez trouver du miel pharmaceutique en pharmacie ou sur Internet. Il en existe des gammes spéciales pour la maternité et l'allaitement.

Le saviez-vous ?
Les propriétés du lait maternel

Le lait maternel constitue à lui seul un véritable remède. Il est :

- antiseptique ;
- anti-inflammatoire ;
- cicatrisant ;
- calmant ;
- hydratant ;
- antibactérien ;
- antiviral ;
- et antifongique.

Vous pouvez l'utiliser en cas de crevasses, pour soigner la conjonctivite de votre bébé, sur des rougeurs cutanées... Renseignez-vous, ses applications sont nombreuses !

Les engorgements

Un engorgement est douloureux : la poitrine est tendue et pleine, comme pour une montée de lait et la succion du bébé peut faire beaucoup souffrir, tout comme les effleurements.

Lorsque la congestion est localisée, cela peut se manifester par une rougeur sensible au toucher. Dans le cas d'un engorgement débutant, la fièvre n'est pas encore au rendez-vous.

Il est essentiel de ne pas rester seule avec un début d'engorgement :

- Faites appel à un·e professionnel·le compétent·e en matière d'allaitement (consultant·e en lactation, médecin, puéricultrice, sage-femme).
- Reposez-vous et faites-vous aider autant que faire se peut.
- Faites téter le bébé aussi souvent que possible, en commençant par le côté atteint.
- Parfois, il est nécessaire d'extraire du lait à la main, pour que le bébé puisse téter sans s'énerver sur un sein congestionné.
- La compression mammaire est également recommandée en fin de tétée afin de bien vider le sein et d'éviter la stase de lait qui favorise l'engorgement.
- Il est recommandé d'appliquer de la chaleur sur les seins avant la tétée pour les décongestionner localement. L'application de froid après la tétée soulagera également.
- Soignez le positionnement du bébé, le menton en direction de l'endroit congestionné afin de bien drainer cette zone.
- On peut également proposer des cataplasmes de feuilles de chou vert (voir ci-après). Ils remplaceront avantageusement les applications de poches de froid et agiront de la même manière.
- Surveillez votre température.

Ne restez pas seule !

N'hésitez pas à contacter des personnes formées pour vous écouter et répondre à vos questions :

- SOS Allaitement : 0 800 400 412 (numéro vert)
- La Leche League France
- Les associations locales d'aide à l'allaitement
- Trouvez un·e consultant·e en lactation près de chez vous sur le site : consultants-lactation.org.

Cataplasme de chou vert

Prenez un gros chou vert rond. Enlevez les feuilles et écrasez les nervures au rouleau à pâtisserie.

Appliquez une feuille de chou sur le sein après la tétée, dans le soutien-gorge. Sa fraîcheur vous soulagera.

Une fois qu'elle est réchauffée, changez-en. Renouvelez ce soin trois fois par jour ou plus, si nécessaire.

La mastite

La mastite est une inflammation de la poitrine. Ses symptômes sont relativement semblables à ceux d'un engorgement, mais il sont associés à un symptôme grippal avec fièvre élevée et courbatures. Les seins sont rouges aux endroits congestionnés et sensibles au toucher.

La mastite est une urgence médicale. Consultez au plus vite.

Les substituts au lait maternel

Pendant la première année de vie, le lait constitue l'essentiel des apports alimentaires du bébé. Que ce soit pour nourrir votre bébé sans l'allaiter ou pour prendre le relais de l'allaitement maternel lors du sevrage, il lui faudra une alimentation lactée adaptée.

Je vous propose ici quelques solutions de remplacement, mais n'hésitez pas à consulter un·e naturopathe ou à questionner votre pédiatre. Il existe les préparations à base de lait de vache, appelées « laits maternisés », pour premier et deuxième âge. Certains bébés les digèrent moins bien, car en complément du lactose naturellement contenu dans le lait, ils contiennent des sucres, qui peuvent provoquer des fermentations.

Pour des bébés allergiques, on pourra proposer du lait en poudre hypoallergénique (HA). On en trouve dans de nombreuses marques et les variétés sont nombreuses. Selon les besoins de votre bébé, il existe des formules épaissies, antirégurgitation ou enrichies avec des prébiotiques et probiotiques.

Si votre enfant est allergique ou sensible, vous pouvez aussi choisir de vous orienter vers des préparations pour nourrissons à base de lait de chèvre ou de brebis, d'origine biologique, qui sont bien tolérées par certains. La marque Holle® en propose dès la naissance.

Le lait de jument d'origine biologique est celui dont la composition se rapproche le plus du lait maternel et il est très riche en anticorps. En revanche, il est très cher. Vous pouvez en trouver auprès de la marque Chevalait®.

Vous trouverez également du lait infantile végétal à base de riz destiné aux bébés dès la naissance dans les magasins d'alimentation naturelle ou les pharmacies. Bébé M® (de La Mandorle®) ou Prémiriz® (de Prémibio®), par exemple, proposent toute une gamme de laits en poudre végétaux et d'origine biologique. Ces deux marques contiennent de la vitamine D d'origine végétale, extraite du lichen.

Attention !

Choisissez exclusivement des préparations spécifiques pour les nourrissons. Il ne s'agit en aucun cas d'utiliser les « jus végétaux » (communément appelés « laits végétaux ») pour adultes, vendus dans le commerce. Ceux-ci ne sont pas adaptés et sont dangereux pour la santé des bébés, car ils ne correspondent pas à leurs besoins. Ils ne doivent donc pas être donnés à des bébés.

Précautions lors de l'usage de préparations pour nourrissons :

- Lavez-vous bien les mains avant la préparation du biberon.
- Une boîte de lait ouverte se conserve en moyenne 1 mois ; vérifiez les indications sur le contenant.
- Respectez toujours les proportions pour la constitution d'un biberon (1 dosette arasée de lait en poudre pour 30 ml d'eau).
- Un biberon préparé doit être bu dans l'heure.
- Ne le conservez pas pour une prochaine tétée si votre enfant ne l'a pas terminé.
- Nettoyez bien les résidus de lait dans le biberon, la tétine et la bague. Les dépôts de lait sont sources de multiplication bactérienne. La stérilisation n'est pas indispensable si l'hygiène est adéquate.
- Offrez-vous un temps privilégié et de qualité avec votre bébé lors de la tétée. Même si vous n'allaitez pas, ce sont des moments de communication avec votre tout-petit.

Quels biberons choisir ?

Préférez les biberons en verre ou en inox. Le plastique est généralement déconseillé, surtout s'il est chauffé, à cause du risque de migration de bisphénol A, qui est un perturbateur endocrinien, et d'autres substances chimiques dans le lait. Pour les tétines, votre enfant vous exprimera à sa manière si elles lui conviennent ou non. Il faut parfois tâtonner avant de trouver la bonne. Idéalement, changez-la tous deux à trois mois, avant si elle est abîmée.

La diversification alimentaire

Après l'alimentation exclusivement lactée se pose la question de la diversification alimentaire. Comment sevrer son enfant en douceur, lui apporter tout ce dont il a besoin sans créer de carences, lui donner le meilleur et de bonnes habitudes alimentaires ? C'est souvent un vrai casse-tête. Je vais essayer de vous guider le plus simplement possible sur le chemin de la diversification, sachant que chaque situation est différente et que c'est votre enfant qui va donner le tempo.

L'allaitement maternel est recommandé jusqu'à six mois par l'Organisation mondiale pour la santé, puis jusqu'à deux ans en complément d'une alimentation diversifiée. À partir de six mois, le lait maternel ne couvre plus tous les besoins nutritionnels de l'enfant. Il va lui falloir des sources complémentaires de fer, de zinc et de vitamine D. C'est en observant votre enfant que vous allez déceler le moment propice pour introduire de nouveaux aliments.

Quels sont les signes qui peuvent vous indiquer qu'il est prêt à diversifier son alimentation ?

- Il tient assis dans une chaise haute, un transat ou les bras d'un adulte et maintient sa tête et son dos.
- Il peut tourner la tête pour signifier son refus de tel ou tel aliment.
- Il saisit les objets et les porte à sa bouche (hochets, cuillères, morceaux de pain dur, etc.).
- Il montre de l'intérêt pour ce que vous mangez, en essayant d'attraper lui-même les aliments.
- Il ne semble plus rassasié après une tétée ou un biberon.

La diversification va initier le bébé à une vaste palette de goûts et de textures. Il s'ouvre au monde et l'alimentation fait partie de ses nouvelles découvertes sensorielles.

Pensez-y !

Ajoutez aux plats de votre enfant une petite cuillerée à café d'huile de colza ou de caméline pour leur apport en oméga-3.

Quand commencer ?

Il y a plusieurs théories. Commencer vers six mois semble être le bon moment. Pour certains enfants, qui manifestent un intérêt particulier pour la nourriture, il est parfois possible de commencer vers cinq mois. Dans tous les cas, évitez de diversifier l'alimentation de votre enfant avant ses quatre mois.

Par quoi commencer ?

Il est préférable de commencer la diversification par des légumes frais et de saison. Les bébés ayant souvent une appétence naturelle pour le sucré, on attendra un peu pour introduire les fruits et on lui proposera des saveurs salées avant.

Important !

Certains pédiatres invitent les parents à proposer des aliments à leur bébé dès quatre mois ou quatre mois et demi afin de se situer dans une fenêtre d'opportunité et de prévenir des allergies.
Il ne s'agit pas de diversifier son bébé à quatre mois, mais de lui proposer de petites quantités d'aliments après la tétée, juste pour le faire goûter et lui faire découvrir d'autres substances que le lait.

Comment procéder ?

Choisissez un moment où vous êtes détendu·e et au calme pour commencer la diversification alimentaire. Il faut éviter à tout prix les ambiances stressantes. Votre enfant est à l'aube de nouvelles expériences sensorielles, il a besoin d'un climat de confiance.

- Dans un premier temps, faites goûter à votre bébé des purées de légumes après la tétée. Jusqu'à un an, le lait constituera la plus grande partie de ses apports.
- Introduisez un seul aliment à la fois, plusieurs jours de suite. Il est conseillé d'attendre au moins trois jours avant l'introduction d'un nouvel aliment. Cette pratique permet d'identifier une éventuelle réaction de l'enfant à un aliment donné.
- Observez votre bébé et respectez son rythme et les signaux qu'il vous envoie. Il ne mangera peut-être qu'une ou deux cuillerées à café de purée, et c'est tout à fait normal. Il faut qu'il s'habitue aux goûts, aux nouvelles textures et aux sensations dans sa bouche. Pour certains enfants, c'est plus ou moins évident.
- N'hésitez pas à reproposer un aliment refusé une première fois, mais sous d'autres formes. Il faut parfois du temps avant qu'il ne l'accepte finalement. Les goûts changent et se développent au fil de la vie. Il semblerait toutefois qu'un enfant auquel on a proposé des aliments aux textures et aux goûts variés avant un an, conserve plus tard cette curiosité et une forme de gourmandise.
- Veillez à offrir à votre bébé des aliments riches en fer et en zinc.
- Afin de vous assurer qu'il a un apport suffisant en oméga-3, mélangez une cuillerée à café d'une huile végétale d'origine biologique de première pression à froid, comme de l'huile de colza, de noix, de lin ou une huile mélangée spécial bébé.
- Faites découvrir à votre bébé les aliments que vous avez consommés pendant la grossesse et l'allaitement : il en reconnaîtra la saveur et les acceptera peut-être plus volontiers.
- Augmentez progressivement les quantités et faites évoluer les textures des aliments proposés. D'abord lisses, puis plus épaisses, grumeleuses pour arriver doucement aux morceaux.

Un bébé qui dit non !

Afin de conserver son intérêt pour la nourriture et les repas, il est vivement conseillé de ne jamais forcer un enfant. Quand il tourne la tête de côté ou vers l'arrière, qu'il recrache ou qu'il refuse d'ouvrir la bouche, pas la peine d'insister. Un bébé sait instinctivement quand il a suffisamment mangé. Il est important de ne pas brouiller les signaux de satiété qu'il ressent. De plus, l'équilibre alimentaire se fait sur une semaine environ. Donc pas de panique, si bébé refuse un plat, c'est probablement qu'il n'a plus faim ; s'il mange moins à un repas, il pourra se rattraper au suivant.

Le saviez-vous ?

Comment se régule la faim ?

La ghréline, hormone sécrétée par l'estomac stimule la sensation de faim. La leptine, elle aussi sécrétée par l'estomac, permet de ressentir le sentiment de satiété.

Bébé mange-t-il suffisamment ?

- La courbe de poids est régulière.
- Les selles et les urines sont régulières.
- Les interactions sont vraies et harmonieuses avec l'entourage (sourire, regard qui suit, etc.).
- Il joue avec plaisir.
- Son développement moteur est harmonieux.
- Son environnement suscite son intérêt et sa curiosité.
- Son sommeil est de qualité.

Quand proposer de l'eau ?

L'eau est la boisson de référence. Les premiers mois de l'allaitement maternel, l'allaitement pare à tous ses besoins. Il n'est néanmoins pas interdit, une fois l'allaitement installé, de lui en donner de temps à autre, à la tasse ou à la cuillère de préférence. En revanche, évitez de donner d'autres boissons qui ne sont pas appropriées, comme les jus de fruits.

La diversification menée par l'enfant

Une autre manière de diversifier l'alimentation est de suivre le processus de diversification menée par l'enfant (DME). Cette approche consiste à offrir une autonomie de choix au bébé, afin de s'appuyer sur son appétit et sur ses préférences.

Les fondements de la DME sont les suivants :

- Les aliments doivent être mous pour pouvoir être mâchés par des gencives sans dents.
- Présentez les aliments en très petits morceaux.
- Votre enfant choisit ce qu'il veut manger parmi ce qui lui est proposé.
- Il décide quand c'est assez pour lui.
- Laissez-lui le temps de vivre cette expérience sensorielle dans une ambiance détendue et avec enthousiasme.
- Si vous souhaitez proposer des purées à votre bébé, donnez-lui une cuillère et laissez-le faire ses expériences.
- Vous pouvez offrir un grand choix d'aliments à votre bébé, pourvu que la texture soit sans danger et adaptée à ses capacités masticatoires.

Cette approche respecte les besoins et envies du bébé. Elle peut être plus contraignante pour les parents et exige parfois un joyeux lâcher-prise !

Vous pouvez aussi choisir de combiner la diversification classique avec la DME, en laissant votre enfant participer aux repas familiaux.

Biscuits longs à mâchouiller – idéal à partir de 6 mois

Maintenant que votre enfant tient objets et aliments dans ses mains, ces biscuits plairont à votre petit explorateur de goûts !

Ingrédients pour 30 biscuits :
- **250 g de farine**
- **75 g de sucre complet**
- **4 pincées de bicarbonate de sodium**
- **1/2 cuillerée à café d'extrait de vanille**
- **1 cuillerée à soupe d'huile d'olive**
- **Environ 120 ml d'eau**

Mélangez tous les ingrédients. Formez une trentaine de bâtonnets de pâte de 5 cm de long environ.

Faites cuire 15 minutes à 180 °C.

Sortez-les du four et laissez-les reposer 5 minutes avant de les retourner et de les ré-enfourner 5 minutes supplémentaires, pour bien sécher le dessous des gâteaux.

LE POINT DE VUE DE L'OSTHÉOPATHE

La diversification alimentaire

Carole Pendariès-Menard, ostéopathe DO

Je ne vous donnerai pas de conseils sur les aliments à privilégier ou sur leurs apports. Ce qui m'intéresse en ostéopathie, c'est l'approche de la diversification menée par l'enfant. En laissant l'enfant mener sa découverte des aliments, de leurs textures, de leurs consistances et de leurs saveurs, on joue sur plusieurs niveaux.

Bien sûr, le goût se développe davantage, mais surtout, du point de vue mécanique et neurologique, l'enfant perfectionne son système oro-facial en mâchant et en mordant. Même s'il n'a pas encore de dents, il peut lui être proposé des aliments durs – qu'il pourra sucer – ou des aliments fondants, et cela stimulera ses gencives par le frottement. L'enfant va en outre apprendre à gérer sa satiété.

À l'inverse, un enfant qui n'est nourri que de compotes et de purées ne fait qu'avaler sans mâcher et sa déglutition est automatique, comme avec le biberon. Il ne gère donc pas la quantité absorbée, et surtout, il apprend à avaler plus qu'à mâcher. Or il est fondamental de développer le système oro-facial pour favoriser le développement, aussi bien neuromoteur que mécanique et sensoriel.

Accompagner le sevrage par les fleurs de Bach

Le sevrage et la diversification sont des périodes importantes dans la vie d'un enfant. Certains, curieux de la vie et gourmands, le vivent avec enthousiasme. D'autres sont plus timides pour découvrir de nouvelles textures et saveurs. Mais tous les enfants finissent par manger.

Parfois, une petite aide est nécessaire pour accompagner l'enfant sur le plan émotionnel. Il est essentiel que les repas restent des moments de découverte, de plaisir et de détente, car nous sommes finalement conditionné·es par ces expériences vécues dans la petite enfance.

Alors pour aider votre enfant et accompagner son sevrage, n'hésitez pas à faire appel aux fleurs de Bach suivantes :

Beech
(hêtre)
Il apaisera un bébé qui refuse la cuillère et recrache les aliments.

Crab apple
(pommier sauvage)
Si votre enfant paraît paniqué par les taches d'aliments ou l'eau sur sa tablette, s'il semble effrayé à l'idée de se salir, cet élixir sera son remède !

Vine
(vigne)
Elle pourra aider un enfant volontaire, mais avec lequel les repas se finissent en combat.

Walnut
(noyer)
Il aidera l'enfant à accepter le changement et l'accompagnera dans cette transition.

7

Lorsque l'enfant grandit

La santé est un déséquilibre à rééquilibrer en permanence. Nous accompagnons nos enfants afin de les maintenir au maximum dans cet équilibre qui leur permet de danser sur le fil de leur vie tels des funambules. Les naturopathes se placent dans une logique de prévention et d'éducation à la santé.

Si l'alimentation est un facteur de prévention important, car elle soutient toutes les fonctions du corps physique et psychologique, d'autres éléments participent à une bonne santé. En effet, l'enfant se « nourrit » également de jeux, d'amour, de rires, de petits moments de connivence, de promenades en forêt, de relations avec ses pairs et de bien d'autres choses encore. Développer un état d'esprit positif ainsi que l'enthousiasme, moteur de toutes les entreprises et apprentissages, est donc également très important.

Le sommeil, le mouvement, la respiration, la gestion des émotions et le lien à la nature viennent compléter la trousse à outils pour cultiver une santé florissante. Tous ces paramètres sont complémentaires.

L'alimentation

Je vous invite à inscrire l'alimentation dans une démarche écologique et joyeuse. Elle ne peut pas se cantonner à des règles strictes, à des quantités et des calories, car elle est liée à la notion de plaisir et doit le rester. Je vais vous faire quelques propositions qui pourront, je l'espère, vous inspirer et vous donner envie de développer une certaine créativité culinaire.

Le temps des repas est cyclique et revient chaque jour. Le contenu des assiettes et l'ambiance en sont des éléments essentiels. Prendre le temps de se détendre et de mastiquer participe à une bonne assimilation des nutriments et au côté convivial des repas. C'est une préoccupation quotidienne et chaque jour est différent. Mais certains jours, les obligations nous rattrapent et rendent les choses plus difficiles. Néanmoins, n'oublions pas l'aspect social des repas et les découvertes qu'ils offrent, qui peuvent faire de ces moments répétitifs des espaces de partage, de joie et de créativité.

Une alimentation de saison

Chaque saison nous offre une énergie différente. L'hiver, par exemple, est une saison qui invite à l'introspection : on ressent le besoin de ralentir, de vivre à l'intérieur, de se reposer, d'être au chaud et entouré de douceur. L'énergie du printemps et de l'été nous encourage à sortir de nos maisons, à vivre en extérieur, à jouer, à pique-niquer. C'est une énergie d'extériorisation. L'automne nous incite à faire le tri, à choisir ce que nous voulons conserver ou non ; il faut faire des choix pour harmoniser nos vies et nous préparer pour la période d'introspection qu'est l'hiver.

Offrir une alimentation de saison permet aux enfants de s'inscrire dans la vie et dans le respect de ce que nous offre la terre, saison après saison.

Saisons / Fruits et légumes	*Printemps*	*Été*	*Automne*	*Hiver*
Légumes	Asperges Épinards frais Haricots verts Navets nouveaux Petits oignons blancs nouveaux Petits pois Pissenlit (feuilles et fleurs) Radis Salades (dont la roquette)	Artichaut Blettes Concombre Courgettes Épinards Fenouil Haricots Petits pois Poivrons Salades (nombreuses variétés) Tomates	Betteraves Blettes rouges et vertes Carottes Choux (fleur, chinois, rouge, brocoli, etc.) Courges (butternut, potimarron, spaghetti, de Hongrie, etc.) Fenouil Oignons Poireaux Salsifis Topinambours	Carottes Céleri branche et rave Chou kale Choux (toutes sortes) Courges (toutes sortes) Endives Navets Poireaux Salsifis Topinambours
Fruits	Fraises Kiwi Pamplemousse Rhubarbe	Abricots Cerises Fraises Framboises Groseilles Melon Mirabelles Mûres Myrtilles Pastèque Pêches Prunes	Châtaignes Clémentines Figue Kaki Kiwi Mandarines Noisettes Noix Oranges Pamplemousse Poires Pommes Raisin	Citron Clémentines Kaki Kiwi Noix Oranges Pamplemousse Poires

Astuce naturo

Consommez des céréales le moins transformées possible (riz complet ou semi-complet, millet, sarrasin, fonio, quinoa, couscous complet, pâtes complètes ou semi-complètes, etc.).

Si votre démarche tend à diminuer la consommation de protéines animales, pensez à associer les légumineuses aux céréales pour vous apporter les acides aminés dont votre corps a besoin (lentilles corail, vertes, jaunes, pois chiches, haricots mongo, haricots blancs, voir p. 57).

Évitez le grignotage au fil de la journée, même si une collation nourrissante dans l'après-midi est bienvenue puisqu'elle limite le risque d'hypoglycémie et évite que vous soyez tentée de vous ruer sur n'importe quel aliment quand le repas se fait attendre.

L'eau est la meilleure boisson et la plus essentielle pour l'organisme. N'attendez pas d'avoir soif pour boire et incitez également votre enfant à boire de l'eau !

Limitez fortement et, si vous le pouvez, supprimez le sucre. Si le supprimer est compliqué, optez pour l'utilisation de sucres complets (*rapadura*, *muscovado*), de mélasse noire, de sirop d'érable ou de miel.

Pensez-y !

Astuces pour inciter votre enfant à boire

Il est important de ne pas attendre d'avoir soif pour boire. Parfois, préoccupés par leurs jeux et leurs activités, les enfants ne prennent pas le temps de s'arrêter pour s'hydrater. Plusieurs astuces peuvent les aider à boire régulièrement :

- Préparez un plateau avec un verre et une petite cruche. Ils pourront se servir eux-mêmes et ainsi développer leur motricité fine et leur autonomie.
- Choisissez un verre qu'ils affectionnent particulièrement.
- Rappelez-leur régulièrement de boire, surtout au début, et de préférence entre les repas, pour favoriser la digestion.

LE SAVIEZ-VOUS ?

Les enfants ont souvent une prédisposition pour le sucre et les aliments sucrés. Il se cache partout et il est assez compliqué de s'en passer totalement. Mais comme pour tout, c'est une question de mesure et de qualité des aliments consommés. Le sucre d'un bonbon, par exemple, n'aura pas la même action sur l'organisme que celui d'un fruit.

La consommation de sucre :

- favorise les infections (les germes pathogènes adorent les milieux sucrés et s'y développent allégrement) ;
- crée des pics de glycémie, puis des hypoglycémies réactives qui ont une influence sur le comportement des enfants (agitation et sautes d'humeur) et qui, à la longue, peuvent favoriser un diabète ;
- acidifie les tissus et déminéralisent l'organisme, ce qui entraîne des phénomènes inflammatoires et participe activement aux infections (ORL en particulier) ;
- favorise les caries.

Le sucre blanc n'a en outre aucun intérêt nutritionnel.

Donc, si vos enfants ont la dent sucrée, favorisez la consommation de fruits et, de temps à autre, fabriquez vos confiseries vous-même en choisissant des sucres complets (*rapadura*, *muscovado*) ou encore la mélasse ou le miel ?

Après avoir limité les petits écarts sucrés, proposez à votre enfant de boire une tasse de tisane apaisante et invitez-le à se brosser les dents !

Un microbiote intestinal sain, facteur de santé

Autrefois appelé « flore intestinale », le microbiote intestinal et son équilibre sont essentiels à votre bonne santé.

Le microbiote intestinal est constitué de l'ensemble des micro-organismes qui vivent dans les intestins. C'est notre signature personnelle, car chaque être humain a un microbiote spécifique, donc unique. Un microbiote sain est composé de plus de dix mille milliards de bactéries. À l'âge adulte, on en héberge de 800 à 1 000 espèces différentes. Cela fait du monde !

Il existe différents microbiotes, que ce soit au niveau de la peau, du vagin, de la bouche, de la sphère ORL, des glandes mammaires et des intestins (intestin grêle et gros intestin).

Le microbiote intestinal s'acquiert à la naissance, au moment de l'accouchement par voie basse, ainsi que durant l'allaitement. Il évolue très rapidement les deux premières années de vie. Au fil du temps, il se modifiera en fonction du vécu et des habitudes de vie.

En revanche, pour les bébés nés par césarienne, qui n'ont pas été mis au contact des bactéries maternelles, la constitution du microbiote nécessite plus de temps. Ils peuvent être sujets à des troubles digestifs et être plus sensibles aux infections. Il est néanmoins possible de les faire coloniser par les bactéries maternelles à l'aide d'un petit coton à passer sur les muqueuses.

Le microbiote intestinal agit à la fois sur la sphère digestive et sur la santé globale puisqu'il joue un rôle dans :

- la digestion (optimisation de l'absorption des nutriments) ;
- la protection de l'organisme (bloque l'accès aux bactéries néfastes et pathogènes) ;
- l'élaboration du système immunitaire ;
- la régulation de l'humeur (sécrétion de sérotonine, une neurohormone sécrétée à la fois au niveau du cerveau et des intestins, qui participe à l'équilibre psychique et à la motricité intestinale et qui stimule les défenses immunitaires).

Un microbiote en formation explique la plus grande vulnérabilité des bébés aux infections, ainsi que la nécessité de rencontrer des germes pour construire une immunité solide. Par ailleurs, une prise d'antibiotiques chez un bébé déséquilibre son microbiote et perturbe ses fonctions protectrices, immunitaires et digestives, ce qui peut être à l'origine de troubles allergiques et immunitaires.

Quid des prébiotiques et des probiotiques ?

Les prébiotiques

Ce sont des fibres solubles apportées par l'alimentation. Les prébiotiques se composent d'oligosaccharides et de polysaccharides à courte chaîne, que notre appareil digestif est incapable de digérer.

Ils arrivent intacts dans le côlon et constituent de la nourriture pour les bactéries amies. Les oligosaccharides du lait maternel sont des prébiotiques qui ensemencent positivement le microbiote.

Les probiotiques

Ce sont des micro-organismes amis qui participent à l'équilibre du microbiote. Ils ont des effets positifs sur la santé puisqu'ils participent à la constitution d'un microbiote sain.

Pour les enfants, on choisira des probiotiques contenant des souches de lactobacilles et de bifidobactéries.

Une cure efficace pour renforcer le microbiote dure de 1 à 3 mois, selon les symptômes et leur amélioration.

Prévenir les maladies courantes

La rencontre entre les germes et les enfants est certes nécessaire pour développer une immunité solide. Mais la naturopathie considère aussi que la maladie est une réponse de l'organisme à un événement.

Les problèmes digestifs

Les dérangements digestifs sont fréquents chez les jeunes enfants : diarrhée, constipation et vomissements font partie du quotidien. Ce n'est pourtant pas une fatalité, car souvent, les problèmes digestifs ont une origine émotionnelle. On dit d'ailleurs que notre intestin est notre deuxième cerveau. Qui n'a jamais connu le fameux mal de ventre, la veille de la rentrée ou avant un rendez-vous médical ? Les enfants sont des éponges, ils ressentent les émotions des autres ainsi que les leurs de manière bien souvent intense et les expriment par le corps, à défaut d'avoir les mots pour les dire.

Un traitement antibiotique, une intolérance alimentaire, les dents ou une infection peuvent également être la cause d'un épisode diarrhéique chez l'enfant.

Le régime antidiarrhéique par excellence repose sur la consommation d'aliments absorbants : des carottes cuites, du riz, des coings, des pommes (cuites ou crues) ou de la viande blanche grillée, chez l'enfant plus grand. Supprimez toutes les crudités (fruits et légumes) et les produits laitiers, sauf le yaourt nature, qui peut participer à réensemencer la flore intestinale.

Parfois, quand la diarrhée est importante, il est préférable de mettre l'appareil digestif au repos en ne proposant que des carottes en soupe ou en purée et des compotes de pomme et de coing. La cannelle en poudre dans la compote aide à apaiser les crampes intestinales.

Il est par ailleurs important que votre enfant boive régulièrement en petites quantités. S'il est encore allaité, il est vivement conseillé de lui faire prendre le sein à la demande, car vous lui apporterez ce dont il a besoin et éviterez la déshydratation.

Après un épisode diarrhéique, il est recommandé de faire une cure de probiotiques afin de reconstruire une flore riche et bienfaisante (voir p. 167).

Rassurez-vous, les enfants se régulent bien souvent d'eux-mêmes lorsqu'ils sont malades. Respectez leur appétit, ils savent spontanément ce dont ils ont besoin !

Une infusion antispasmodique

Cumin et fenouil atténuent les crampes et les spasmes en cas de diarrhée.

PRÉPARATION
- **½ cuillerée à café de cumin**
- **½ cuillerée à café de fenouil**
- **250 ml d'eau frémissante**

Laissez tiédir avant de consommer.

Cette tisane accompagne avantageusement la diète puisqu'elle hydrate, en plus de soulager.

Les troubles ORL

Les troubles de la sphère oto-rhino-laryngologique (ORL) – qui comprennent toutes affections qui touchent les oreilles, le nez et la gorge – sont fréquents. L'hyperacidité de l'organisme crée un déséquilibre qui entraîne une digestion difficile, une surcharge hépatique et la production d'un mucus responsable de bien des maux de l'enfance : rhumes, toux, otites, sinusites, rhinites, etc. Certains aliments favorisent l'acidité, donc sa sécrétion : les produits laitiers, mais aussi le sucre, les jus de fruits (sauf celui du citron) et les aliments raffinés.

Afin d'éviter que les écoulements clairs d'un simple rhume n'évoluent en écoulements jaunâtres ou verdâtres, signes d'une infection, je vous invite à :

- limiter ou supprimer les produits à base de lait de vache et à les remplacer par des produits élaborés à partir de lait de chèvre, de soja ou de noix de cajou ;
- habituer votre enfant à boire de l'eau plutôt que des jus ;
- privilégier les produits complets ou semi-complets, non raffinés ;
- supprimer le sucre blanc et préférer des sucres complets (*rapadura*, *muscovado*), du miel, du sirop d'érable, en quantité modérée. En cas d'infection, le mieux est de supprimer totalement le sucre, car il entretient un milieu favorable au développement des germes.

L'importance d'un nez bien dégagé

Pour éviter les encombrements nasaux, les lavages de nez sont importants, particulièrement durant la période hivernale, car le rhume est souvent le premier signe d'une infection potentielle.

L'enfant plus grand peut apprendre à se laver le nez lui-même avec une eau salée, au même titre qu'il apprendra à se brosser les dents. Ce geste, parfois vécu comme intrusif, peut être mieux toléré s'il est réalisé soi-même. Tant que l'écoulement reste clair, c'est le signe que l'organisme évacue les germes par lui-même.

Stimuler les défenses et soutenir l'immunité de l'enfant

L'échinacée

L'échinacée est une fleur spécifique de la sphère ORL et des voies aériennes supérieures. Très efficace, elle est à prendre dès les premiers symptômes, pour soutenir et stimuler le système immunitaire grâce à ses propriétés antibactériennes et antifongiques.

Chez les enfants, on préférera le glycéré d'échinacée. Comme il passe dans le lait maternel, il peut être pris par la maman quand l'enfant est allaité.

Je vous recommande l'échinacée biologique de Souris Verte®. C'est un produit 100 % naturel, sans alcool et sans ajout d'arôme, que l'on peut utiliser chez les bébés, les enfants et les femmes enceintes. Les seules précautions d'utilisation sont de vérifier une éventuelle allergie aux astéracées et de vérifier la posologie sur le site du fabriquant.

L'argousier

L'argousier est un arbuste qui produit des petites baies orangées, véritables concentrés de vitamines (notamment la C), de minéraux et d'oligoéléments. On le trouve en jus ou en sirop.

Il est conseillé d'en faire une cure afin de redonner de l'énergie aux organismes fatigués et de les aider à stimuler l'immunité pour faire face aux infections saisonnières.

Le saviez-vous ?

Les produits laitiers

Votre enfant est fréquemment sujet aux infections ORL ? Il est en ce cas recommandé de supprimer les produits laitiers à base de lait de vache, qui sont pro-inflammatoires et favorisent la production de mucus.

Ce mucus, que l'on retrouve dans le nez et qui coule à l'extérieur, puis à l'intérieur, dans l'arrière-gorge, peut provoquer des angines, des bronchites et, par une mauvaise aération de la caisse du tympan, des otites.

D'où la nécessité d'en diminuer la production.

Le cuivre, l'or et l'argent

L'association de ces oligoéléments est puissante. L'or est anti-inflammatoire, comme le cuivre – qui est également anti-infectieux et antiviral – et l'argent est antibactérien.

Une cure d'un mois de cuivre-or-argent renforce l'immunité pour affronter les infections hivernales et la fatigue. Ce trio soutient également la convalescence et le retour de l'énergie.

La vitamine D

Une cure de vitamine D stimule l'immunité et aide à passer un hiver en pleine forme !

La gemmothérapie, ou médecine des bourgeons

Toute l'énergie et la vitalité d'une plante sont contenues de manière concentrée dans les bourgeons et les jeunes pousses. La gemmothérapie consiste à utiliser ces parties des plantes pour soutenir les grands systèmes de l'organisme : poumons, foie, intestins, reins et peau.

On peut les utiliser en traitement d'attaque ou pour aider l'organisme au long cours, dans le cadre d'un traitement de fond.

Le macérat d'églantier

C'est un excellent remède pour les enfants sujets aux infections ORL à répétition. Pour un traitement de fond, administrez 1 goutte par kilo, 3 fois par jour, 15 minutes avant les repas, pendant 3 semaines.

Le macérat de cassis

Il peut être associé à l'églantier pour renforcer son action et soutenir le terrain (même posologie que pour le macérat d'églantier).

Les probiotiques

Aux changements de saison, à l'automne (vers le mois d'octobre) et au printemps (en février ou en mars), une cure de probiotiques consolide la flore intestinale pour une meilleure protection.

Un rituel tisane pour stimuler l'immunité

Chez un enfant plus grand, vous pouvez créer un rituel tisane.

Partager un moment de détente et de complicité autour d'une infusion au miel est une merveilleuse manière de se soigner. Les tisanes de thym et de romarin peuvent être proposées régulièrement en prévention, et au moins trois fois par jour dans les périodes d'infection.

Toute la famille peut en boire pour faire fuir les miasmes indésirables !

Les problèmes de peau

La peau est le plus grand organe du corps. C'est notre enveloppe et elle exprime à l'extérieur ce qui va mal à l'intérieur. C'est un organe d'élimination qui, lorsqu'il est dépassé par la tâche, manifeste les trop-pleins intérieurs. La peau abrite une flore bactérienne riche, qui nous protège des agents infectieux.

Elle est en lien avec le foie pour le travail d'élimination des toxines. Si le foie est surchargé, la peau viendra à son secours en éliminant davantage. Les problèmes de peau sont donc à considérer d'une manière globale, pour comprendre ce qui se joue en matière d'équilibre de la santé.

La peau du jeune enfant est délicate et il convient de choisir avec soin les produits que l'on va y appliquer. Les plantes sont de formidables alliées pour les soins cutanés.

Une protection cutanée simple et naturelle

Si vous souhaitez hydrater la peau de votre enfant de manière douce et naturelle, vous pouvez créer une émulsion sur sa peau : pulvérisez une bruine d'hydrolat de calendula avant d'appliquer de l'huile vierge de coco et de la faire pénétrer doucement. L'hydrolat facilitera la pénétration du corps gras en créant une émulsion.

Eczémas

On distingue plusieurs types d'eczémas, dont l'eczéma atopique et l'eczéma de contact. Le premier est dû à une réaction allergique, souvent de type alimentaire, et apparaît dans les premiers mois de vie. Le deuxième est dû à une réaction allergique avec une substance entrant au contact de la peau.

Qu'il soit sec ou suintant, l'eczéma démange terriblement et est source d'un mal-être qui engendre des pleurs et des insomnies.

La prise en charge de l'eczéma doit se faire de manière globale. En naturopathie, on essaye de soulager les symptômes, tout en tentant d'en comprendre la cause. Un travail s'opère alors sur le plan émotionnel et sur le terrain, que l'on rééquilibre par une alimentation adaptée (suppression des aliments allergènes). Une consultation chez votre naturopathe permettra d'accompagner votre enfant de manière personnalisée, en prenant en compte ces différents facteurs.

Pour apaiser les symptômes, vous pouvez toutefois pulvériser localement de l'hydrolat de camomille romaine en alternance avec de l'hydrolat de lavande, qui ont tous deux des effets antiseptiques, adoucissants et cicatrisants sur la peau. En les conservant au frais, vous augmenterez leur durée de vie et leur propriété adoucissante.

En parallèle, il est judicieux d'accompagner l'enfant avec des fleurs de Bach (voir p. 188).

On pourra proposer une cure de probiotiques de la gamme Ergyphilus® à raison d'un sachet par jour, associée à une à deux capsules d'huile de bourrache diluées dans un biberon de lait, pendant un à trois mois.

Les irritations et rougeurs

Pour la toilette, évitez les savons agressifs et préférez un savon surgras.

Un bain d'avoine apaisera une peau qui présente des rougeurs. À cette fin, utilisez des petits sachets en mousseline ou des sachets de thé en papier et remplissez-les avec des flocons d'avoine. Pour une baignoire de bébé, mettez 2 cuillères à soupe de flocons d'avoine dans un sachet de thé en papier. Au bout de 3 à 4 minutes, pressez le sachet pour en exprimer le lait avant de baigner votre bébé.

Pour sécher votre enfant, tamponnez-le délicatement afin de ne pas aggraver l'irritation.

La fièvre de l'enfant

La fièvre est une réaction saine de l'organisme face à l'invasion d'un agent infectieux. Elle permet d'accélérer la réponse des cellules face aux germes, de les détruire, et ainsi, de combattre l'infection, puis d'évacuer les toxines. Grâce à elle, l'organisme peut se fabriquer un système immunitaire solide.

Toute une armée se lève pour débarrasser les enfants des germes : les monocytes, les lymphocytes, les plasmocytes, les macrophages, les mastocytes, les fibroblastes, et bien d'autres.

Sous l'effet de la fièvre, le rythme cardiaque et la respiration augmentent. Le corps est prêt à se défendre ! Il s'agit d'une véritable usine au fonctionnement optimal, qui permet à l'enfant de guérir rapidement et d'être plus résistant au fil des ans et des infections.

Vous pouvez également agir à votre niveau par des soins permettant de soulager votre enfant : commencez par le découvrir et l'hydrater, en lui donnant régulièrement de petites quantités d'eau.

Une infusion de camomille, par exemple, agrémentée d'une cuillerée de miel, l'apaisera. Si l'enfant le tolère, un citron chaud au miel ou une infusion de gingembre frais et de citron stimuleront ses défenses immunitaires.

Enveloppement frais à la lavande

Les enveloppements frais à la lavande accompagnent le mieux-être de l'enfant et font baisser la fièvre de manière naturelle.

- **Choisissez des étoffes en coton de type lange.**
- **Préparez une bassine d'eau dont la température est inférieure de deux degrés à celle de l'enfant.**
- **Versez-y deux gouttes d'huile essentielle de lavande pour un litre d'eau.**
- **Trempez les linges, essorez-les et appliquez-les des mollets jusqu'aux genoux (pour les fixer, enfilez des chaussettes de laine à l'enfant) et des poignets jusqu'aux coudes. Vous pouvez également en mettre aux plis de l'aine et sur le front.**
- **Renouvelez les enveloppements dès qu'ils se sont réchauffés.**
- **Faites une pause d'une demi-heure après trois changements, puis recommencez.**

Les besoins d'un enfant malade

Un enfant fiévreux a besoin d'être rassuré et installé dans un environnement calme et aéré, mais sans courants d'air. Il faut lui donner à boire, le garder au chaud et éviter les stimulations excessives de façon à favoriser une ambiance apaisante.

Le sommeil, un remède inégalé

Un enfant malade a besoin de repos et de sommeil pour permettre à son corps et à son cerveau de se régénérer. J'insiste : il est important de limiter les sources de stimulation et de lui aménager un coin calme dans une pièce aérée.

Versez quelques gouttes d'huile essentielle de lavande dans un diffuseur brumisateur ou nébulisateur et allumez-le 15 minutes (pas davantage pour ne pas dénaturer les huiles essentielles) avant le coucher de l'enfant[1]. Cela favorisera le sommeil.

Besoin d'air frais !

Pensez à aérer les pièces 15 minutes, 2 fois par jour au minimum. Il est essentiel de renouveler l'air et encore plus en période d'infection infantile et familiale. En prévention, on ne soulignera jamais assez l'importance de jouer au grand air pour les enfants, plutôt que dans des intérieurs surchauffés. Sachez que 18 °C est une température idéale dans un logement.

Prenez le temps de vous arrêter

Je sais qu'il n'est pas toujours facile de s'arrêter lorsque l'on est parent et que l'on travaille. Néanmoins, prenez le temps de faire des câlins, de raconter des histoires, de passer des moments de qualité ensemble et de ralentir la cadence. C'est ainsi que se créent les beaux souvenirs, même lorsque l'on est malade. Ces temps-là sont complémentaires à tout autre traitement et favorisent la guérison et la joie.

1 Le dosage dépend des diffuseurs, il faut donc vérifier la notice. Par ailleurs, je déconseille fortement les diffuseurs qui chauffent les huiles essentielles : cela les dénature et pollue l'air ambiant.

La convalescence

Ne négligez pas la période de convalescence. En effet, souvent pris·es dans nos rythmes effrénés, dès l'arrêt des symptômes, nous repartons comme avant et nos enfants reprennent rapidement leurs activités. Or la convalescence permet au corps de consolider l'immunité fraîchement acquise et de devenir plus résistant aux infections.

Par ailleurs, j'ai pu fréquemment constater – chez mes enfants, comme chez ceux que j'accompagne – que ceux-ci avançaient d'un pas sur leur chemin de vie et s'enrichissaient de nouvelles compétences liées à leur stade de développement, à l'issue d'un épisode de fièvre ou d'une pathologie infantile.

Les dents

Quand on pense aux dents et à la prévention, on pense très souvent aux caries. Mais la prévention bucco-dentaire est plus vaste que cela (voir p. 177 le point de vue de l'ostéo en encadré) et est très liée à l'alimentation de l'enfant, aux mesures d'hygiène et à une prise en compte de l'enfant dans son entièreté.

En dentisterie holistique, chaque dent correspond à un organe. Leur état reflète ainsi la santé de l'enfant et permet non seulement de comprendre certaines fragilités mais aussi de proposer une prise en charge globale. L'ostéopathie et la posturologie ont également des effets positifs et préventifs sur la santé de la sphère orobuccale de l'enfant.

Quand commencer le brossage des dents ?

On peut instaurer une routine d'hygiène bucco-dentaire très tôt. Avant même que n'apparaissent les premières dents, il est possible de passer une petite compresse sur les gencives. Il existe aussi de petites brosses en caoutchouc et des doigtiers brosse à dents que l'on peut passer sur les gencives dès l'âge de trois mois. Elles soulagent les gencives gonflées par l'apparition de premières dents de lait.

Ces brosses seront remplacées par des brosses à poils très doux dès que les premières dents seront sorties. Le brossage des dents est une habitude saine à adopter et que les enfants mettront volontiers en place. Pour mesurer le temps, laissez un sablier coloré à disposition.

Au début, on n'utilisera que de l'eau ; on introduira le dentifrice vers l'âge de deux ans.

Quand aller chez la ou le dentiste pour la première fois ?

La première visite est souvent ludique et peut se faire idéalement autour d'un an : afin d'éviter la phobie du dentiste à l'âge adulte, rien de mieux que d'y aller régulièrement, quand tout va bien. Ainsi les rendez-vous chez la ou le dentiste ne seront pas associés à des soins désagréables systématiques.

Schéma d'éruption des dents de lait

À 3 ans, l'enfant a normalement 20 dents de lait : 8 incisives, 4 canines et 8 molaires

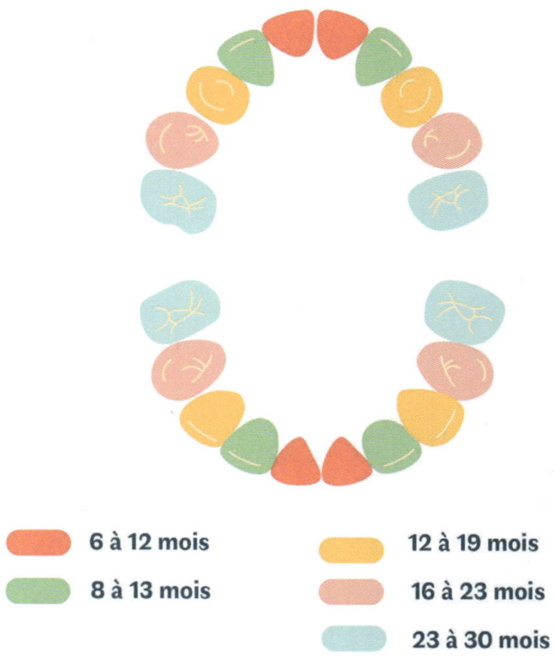

Ce schéma est donné à titre indicatif. Les retards ne constituent pas un signe de mauvaise santé ! Si toutefois l'éruption est vraiment retardée, consultez un chirurgien-dentiste.

LE POINT DE VUE DE L'OSTÉOPATHE

Sur les dents du bébé et de l'enfant

Carole Pendariès-Menard,
ostéopathe DO

Comme nous l'avons vu précédemment, les premières consultations d'ostéopathie sont souvent consacrées à la libération des tensions liées à l'accouchement.

Lors de son travail crânien, l'ostéopathe peut aussi être amené·e à intervenir sur le palais du nourrisson (notamment en cas de présentation du bébé par la face, d'un appui frontal prolongé sur le pubis de la maman, de contraintes élevées sur la face ou sur la base du crâne, etc.). En effet, si le palais n'est pas libre de contraintes, cela peut compliquer l'implantation de la future dentition.

Il est urgent de consulter un ostéopathe pour un nouveau-né qui ne sait pas téter ou qui a des difficultés de succion, pour ne pas mettre en péril l'allaitement d'abord, mais aussi pour éviter les dommages sur la sphère orale et dentaire. Si le problème de succion n'a pas été levé, il peut aboutir à une malposition de la langue, ayant pour conséquences des soucis de déglutition et potentiellement des soucis de prononciation et de phonation.

Un enfant qui a pris l'habitude de déglutir ou de positionner sa langue d'une manière non physiologique, met en contrainte le système dentaire – en appuyant la langue sur la partie postérieure des dents, supérieures ou inférieures, par exemple – et modifie l'orientation des dents, ce qui génère des troubles d'occlusion dentaire (mauvais positionnement des dents du maxillaire supérieur par rapport à celles du maxillaire inférieur).

Il en va de même chez les enfants qui sucent leur pouce (ou autre doigt) qui, s'ils ne sont pas pris en charge en ostéopathie, peuvent déformer leur palais par appui répété du doigt sur le palais (palais creux) et perturber la descente et la bonne position des dents.

De plus, l'ensemble des facteurs cités ci-dessus peuvent favoriser une respiration buccale plutôt que nasale, ce qui n'est pas sans causer d'autres problèmes (ronflements, apnées, mauvais sommeil et fatigue associée, etc.).

Les enfants ont parfois besoin d'un travail d'orthodontie fonctionnelle pendant leur croissance. Plus ce travail orthodontique est précoce, mieux il est toléré – car moins violent en termes de contraintes sur les structures osseuses – et plus il est efficace – les structures sont plus malléables. Un accompagnement ostéopathique potentialise le travail orthodontique et en raccourcit la durée.

Des dents mal positionnées peuvent aussi entraîner des troubles musculo-squelettiques (cervicalgie, dorsalgie, lombalgie), des maux de tête, des problèmes d'articulation temporo-mandibulaire (ATM), du bruxisme, de la fatigue, des tensions oculaires et bien d'autres encore.

Le stress chez l'enfant

Le stress est la réponse de l'organisme aux agressions de la vie quotidienne pour s'adapter aux différentes situations. Il n'est pas rare aujourd'hui de rencontrer des enfants stressés dès leur plus jeune âge.

Si le stress en lui-même n'est pas nécessairement négatif, il le devient si le corps et l'esprit ne sont plus capables de le gérer. Les maux de ventre, les troubles du sommeil, les comportements parfois excessifs, en sont des signes chez le jeune enfant, qui exprime son mal-être par son corps.

Il est important de varier les rythmes afin qu'il profite des espaces de ressourcement nécessaires à son développement harmonieux. Il suffit souvent de revenir à des fondamentaux, comme s'arrêter un instant et prendre du temps de qualité ensemble. Je sais que les emplois du temps chargés ne le permettent pas facilement, mais essayer d'intégrer ces temps de pause, c'est se fixer des rendez-vous avec soi-même et avec son enfant.

Je vous invite à mettre en place des rituels familiaux de détente et de calme réguliers, pour vous poser ensemble et prendre le temps d'évaluer l'état du stress chez votre enfant en prenant sa température émotionnelle. Certaines activités partagées permettent de se créer des îlots de sérénité dans des quotidiens chargés et de nourrir la relation.

Vous pouvez, par exemple :
- créer un espace de parole régulier pour décharger les émotions et le trop-plein de stimulations sensorielles ;
- lui apprendre à retrouver des forces et des ressources par la relaxation, la détente, la pleine conscience ;
- le laisser faire ce qui lui plaît et qui lui donne de la joie ;
- lui accorder le droit de ne rien faire ;
- lui proposer de prendre du temps pour rêver, pour juste être, sans notion de productivité ;
- sortir et écouter la nature au fil des saisons, vous promener ensemble au grand air, le laisser courir et jouer dehors ;
- pratiquer des activités créatives avec lui, pour consolider votre relation ;
- lui raconter des histoires ;
- faire des câlins ;
- rire, danser, chanter ;
- développer la gratitude, et ce dès le plus jeune âge (voir p. 197).

ZOOM

Le rééquilibrage des réflexes primitifs

Marie-Claude Maisonneuve,
formatrice en Rééquilibrage
sensoriel émotionnel
et moteur (RSEM©)

Dès la vie intra-utérine, le fœtus développe des réflexes primitifs qui lui permettent de s'adapter à son milieu. À la naissance et durant les premiers mois de vie, ces reflexes sont autant de compétences précoces qui l'accompagnent dans sa transition d'un monde à l'autre.

Certains de ces reflexes se manifestent de manière très forte, d'autres sont atténués, voire trop faibles dans leur expression. Au cours du processus de croissance, ils évoluent progressivement et se transforment en compétences acquises.

Les enfants d'aujourd'hui sont extrêmement sensibles et avec une présence au monde singulière. Leur sensibilité subtile peut amener des débordements émotionnels difficiles à gérer, laissant parents et enfants désemparés. Cela crée un mal-être accompagné de difficultés dans les apprentissages, le comportement et les relations sociales.

Rappelons que, durant la période intra-utérine, le fœtus est très sensible au stress et aux émotions maternelles, qui laissent en lui une empreinte indélébile. La première année est elle aussi très importante dans le développement sensoriel et émotionnel du bébé. On dit que la mère joue le rôle de « pare-excitation » pour protéger son enfant des trop-pleins qui créent parfois une surcharge ingérable dans son système neurosensoriel. L'enfant développe alors des mécanismes de survie par la manifestation de crises, que ce soit à l'école ou à la maison.

De manière générale, l'enfant sait ce qui est bon pour lui et il est important qu'il puisse exprimer ses dons, faire ce qu'il aime et le faire dans l'enthousiasme indispensable à toute nouvelle acquisition. En effet, dès qu'il est déconnecté de sa nature profonde, il n'est plus ni dans son être ni dans son corps et ce mal-être s'exprime par des débordements sensori-émotionnels.

C'est là que le rééquilibrage des réflexes primitifs intervient pour apaiser l'enfant et calmer son système nerveux, en réduisant son stress et ses tensions internes et, en somme, lui permettre de revenir à un état d'équilibre.

Cette méthode le remet au contact de ses sens pour qu'il réapprenne à habiter son corps. Des mouvements doux et des bercements vont agir sur le système sensoriel et vestibulaire. Le balancement va cultiver l'empathie et le lien si précieux et nécessaire avec les parents. Le système vestibulaire va s'équilibrer et l'enfant, détendu, pourra accéder de manière efficace et pacifiée aux apprentissages

Le développement de l'enfant

	Les besoins affectifs	*Les besoins d'apprentissage*	*Les besoins sociaux*
De 0 à 9 mois Bébé entre en relation avec ses figures d'attachement. Il découvre son corps et son environnement proche.	Amour Attachement Communication (expression et écoute réciproques) Contact physique Petites frustrations Stimulation (portage, massage, câlins...)	Communication (expression et écoute réciproques) Histoires racontées et lecture d'albums (stimulation de l'imagination et réconfort par la voix sécurisante des parents) Respect de son rythme Stimulation (visuelle, auditive, tactile)	Au moins une personne repère fiable Contact régulier avec d'autres personnes
De 9 à 18 mois C'est l'âge des grandes explorations. Les enfants fouillent, marchent et commencent à parler.	Communication (expression et écoute réciproques) Encouragements à se déplacer et à explorer Limites clairement énoncées Marge d'autonomie autorisée	Communication (expression et écoute réciproques) Expérimentations motrices (ramper, marcher, courir) Exploration et découvertes en toute sécurité Histoires (découverte du monde et de soi) Vocabulaire (objets, sentiments, etc.)	Fréquentation et imitation d'autres enfants Liens étroits avec ses parents
De 18 à 36 mois Les enfants s'affirment ! Ils parlent, se fâchent et veulent décider par eux-mêmes.	Affirmation de soi Communication (expression et écoute réciproques) Petits choix Réconfort après un débordement émotionnel	Choix de certains mets Communication (expression et écoute réciproques) Expériences variées en toute sécurité Histoires (découverte du monde et de soi, dont l'appréhension des émotions) Jeux en extérieur Stimulation de son autonomie par la confiance Zones d'autonomie plus nombreuses (habillage, par exemple)	Contact avec d'autres enfants Être incité, invité à partager un peu, à l'évoquer tout au moins. Le partage n'est pas naturel pour l'enfant, sa capacité à partager va évoluer avec sa maturité cérébrale, physique et émotionnelle. Liens avec d'autres adultes que les proches

Le sommeil de l'enfant

Le sommeil est un aspect important en naturopathie et un motif de consultation fréquent. Nous ne sommes pas égaux à l'égard des besoins en sommeil et les enfants n'échappent pas à cette règle.

Si les cauchemars et terreurs nocturnes arrivent plus tard, avec la croissance, il reste que certains enfants ont besoin d'être rassurés la nuit et que d'autres sont sensibles à l'ambiance qui règne dans la chambre. Une obscurité profonde peut alors les insécuriser. Pour d'autres, ce ne sera pas un problème. Certains enfants peuvent également avoir soif ; pensez à vérifier la température de la chambre et son degré d'humidification. Un bol d'eau ou un linge mouillé, installés en hauteur, peuvent faire la différence.

Le saviez-vous ?

Les cauchemars se manifestent vers deux ou trois ans. Ils surviennent durant la phase de sommeil paradoxale. L'enfant se réveille brusquement, angoissé, et la présence de l'adulte l'aide à s'apaiser.

Les terreurs nocturnes se manifestent à partir de 18 mois et peuvent durer jusqu'à quatre, voire cinq ans. L'enfant peut pleurer et crier, mais il continue à dormir. Au matin, il ne se souvient de rien.

Habituellement un enfant dort le temps dont il a besoin, ce qui varie selon les enfants. Certains s'endorment n'importe où, d'autres ont besoin de conditions particulières. Certains enfants ont du mal à lâcher pour se laisser glisser dans le sommeil. Ils résistent et s'agitent. Que se passe-t-il quand ils dorment ? Cela reste une question qui les préoccupe souvent. Il faut une sacrée dose de confiance pour oser laisser le jour et s'abandonner à la nuit.

La petite enfance est en outre une grande période d'acquisitions en tout genre (motrices, intellectuelles, langagières, intellectuelles) et certains enfants se réveillent la nuit après des périodes de stimulations intenses.

Chaque enfant est différent et la structure du sommeil évolue de la naissance à l'adolescence. C'est en observant le vôtre, son mode de vie et ses expériences, que vous allez progressivement mieux le comprendre et répondre à ses besoins nocturnes. Certes, il faut parfois une bonne dose de patience.

Pour mieux comprendre les cycles et la structure du sommeil, observez les trains du sommeil ci-dessous.

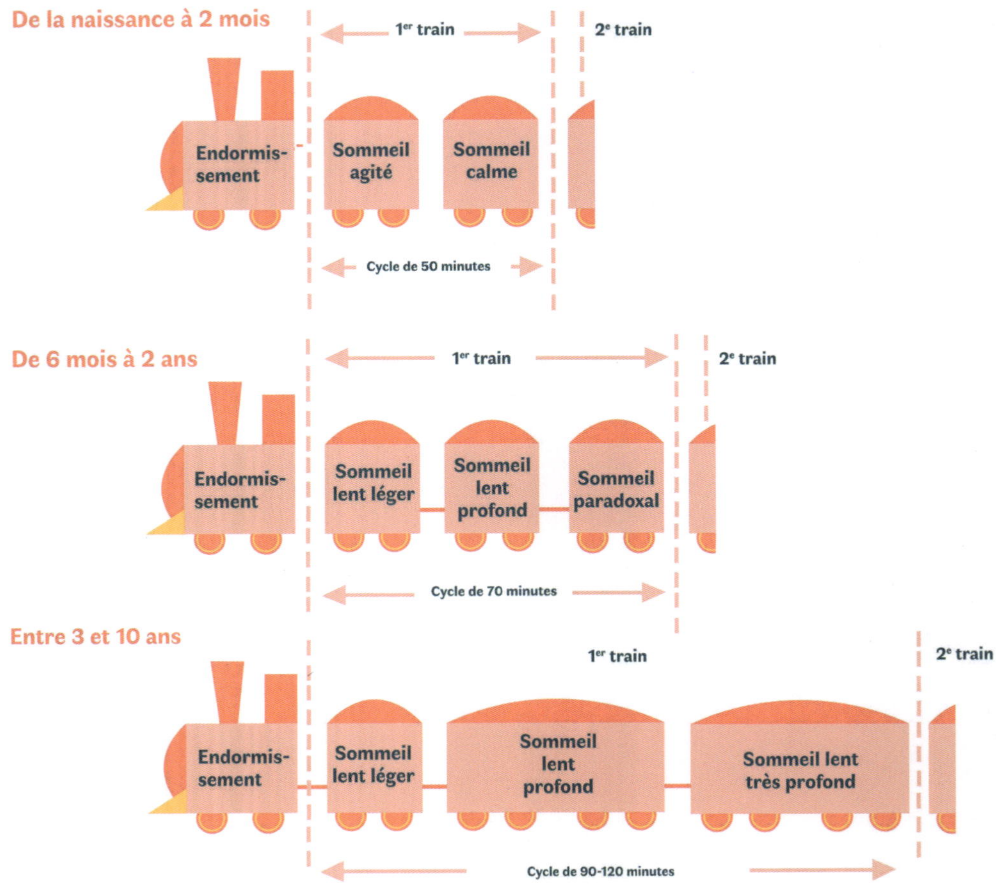

Évolution avec l'âge de la composition et de la durée du premier cycle de sommeil.
Entre 3 et 10 ans, le premier cycle est riche en SLP mais ne comporte pas de SP. La latence d'apparition du premier épisode de SP augmente. D'après *Le sommeil du nourrisson ou dormir comme un bébé*, AdessiFProsom, 1996

L'hormone de croissance est sécrétée durant la phase de sommeil très profond. Elle a une action sur la croissance, mais également sur la réparation des tissus et des cellules.

Quelques astuces pour accompagner vos enfants sur les berges du sommeil

- Nommez les peurs, les angoisses et parlez vrai à votre enfant.
- Alternez les rythmes en journée et respectez son tempo. Après l'agitation de la journée, le repas du soir, le bain et le brossage des dents, il peut être opportun de créer un sas de décompression pour apaiser les tensions et amener à un état de calme. Pour cela, inventez votre propre rituel propice à l'endormissement. L'histoire ou la chanson du soir peuvent faire beaucoup.
- Évitez les écrans au moins 1 h 30 avant d'aller au lit.
- Certains enfants anxieux ont besoin de se sentir réconfortés et rassurés dans le fait qu'ils retrouveront tout ce qui est important pour eux au réveil. Sombrer dans le sommeil exige un abandon qu'ils ont du mal à accueillir seuls.
- Un bain avec une à deux gouttes d'huile essentielle de lavande et une poignée de gros sel dans une baignoire remplie à moitié peut accompagner cette transition.
- Une petite veilleuse peut venir à bout de certaines angoisses nocturnes.
- Vous pouvez également diffuser de l'huile essentielle de lavande ou de petit grain bigarade un quart d'heure (pas plus) avant le coucher de votre enfant, ou encore utiliser une brume d'oreiller (voir p. 36) ou un hydrolat de lavande en brumisation.

Le pouvoir apaisant de l'infusion

Le rituel de la tisane peut permettre de glisser vers un état de relaxation et de détente en famille, dès le plus jeune âge.

La camomille allemande, au goût de miel, apaisera le système nerveux et facilitera la digestion. Mais trop infusée, elle devient amère. Infusez une cuillère à café de camomille par tasse pendant 3 minutes.

La fleur d'oranger, très douce au goût, guidera votre enfant vers des rêves colorés. Infusez une cuillère à café de fleur d'oranger par tasse pendant 4 minutes.

Massage à l'huile de lavande pour les pieds (dès 6 mois)

Dans une cuillerée à café, mettez une goutte d'huile essentielle de lavande vraie et complétez avec de l'huile de votre choix (voir p. 47). La lavande a un effet anxiolytique et favorise le sommeil. Enfilez une paire de chaussettes chaudes pour garder les pieds bien au chaud après le massage.

ZOOM

Les fleurs de Bach pour accompagner le sommeil

Pour rappel, les fleurs de Bach sont préparées à partir de fleurs, de plantes et d'arbres (voir p. 37). Elles sont sans danger, non toxiques, ne créent pas d'accoutumance et il en existe des préparations sans alcool pour les enfants.

Agrimony
(aigremoine)
Certains enfants sont d'un caractère joyeux durant la journée, mais passent des nuits très agitées. L'aigremoine pourra venir leur apporter l'apaisement qui leur manque.

Aspen
(tremble)
Il accompagnera un enfant qui semble craindre quelque chose, sans savoir le nommer.

Chicory
(chicorée)
Elle sera utile si votre enfant ne veut pas vous laisser partir, s'il s'accroche à vous.

Mimulus
(mimule)
Il aidera un enfant qui a peur du noir, des monstres, etc.

Vervain
(verveine)
Elle aidera les enfants pleins d'énergie et qui ont des difficultés à se calmer.

Walnut
(noyer)
Ce sera un allié de votre enfant pour les transitions. Il a des effets positifs aussi bien pour l'aider à passer de la veille au sommeil que pour l'accompagner à dormir dans sa chambre, s'il a du mal à se faire au changement.

Willow
(saule)
Il peut être utile chez les enfants qui pleurent beaucoup, gémissent et geignent en vous appelant.

ZOOM

Les hydrolats alliés de l'endormissement

Camomille

Utilisable à tout âge, cet hydrolat a de multiples bienfaits. Non seulement il calme les bébés agités qui ont du mal à s'endormir, mais il facilite également la digestion, soulage les poussées dentaires et apaise les colères.
Diluez une cuillerée à café dans de l'eau, dans le biberon ou dans une petite tasse. Vous pouvez aussi en verser une cuillerée à soupe dans l'eau du bain pour plus de détente.

Fleur d'oranger

Symbole de pureté, la fleur d'oranger convient particulièrement aux bébés et aux enfants, qu'elle calme pour leur offrir un sommeil tranquille.

Lavande

Un grand classique toujours aussi merveilleux, qui fait voyager en Provence. Cet hydrolat apporte douceur et sérénité. Dans un bain, il apaisera votre bébé et l'aidera à bien dormir.

Les émotions de l'enfant

« Tout dans la nature a quelque chose à jouer dans les grands mécanismes de la vie. »
Dr Edward Bach, médecin homéopathe

L'expression d'une émotion forte dépasse souvent l'enfant, qui peut éprouver des difficultés à l'appréhender seul. Il faut alors qu'il se sente soutenu et écouté de manière à libérer ses émotions avant de pouvoir poser des mots sur ce qui l'a déstabilisé, bouleversé ou chahuté. Mais l'expression des émotions de l'enfant perturbe également les parents qui, parfois, ne savent pas trop comment accompagner ces débordements intenses.

Les fleurs de Bach peuvent être un vrai soutien dans ces moments difficiles, tant pour l'enfant que pour tous les membres de la famille, elles sont un moyen doux d'accompagner les émotions envahissantes.

Posologie pour les fleurs de Bach

Donnez à votre enfant 3 à 5 gouttes sous la langue, 3 fois par jour ou plus, s'il le demande. Vous pouvez également en mettre 5 gouttes dans une petite cruche ou une gourde laissée à sa disposition.

En plus de la **chicorée** (pour les séparations difficiles), du **mimule** (pour les peurs bien définies), du **noyer** (pour les changements et transitions), du **tremble** (pour les peurs vagues) et de la **verveine** (pour la nervosité), que je viens d'évoquer, je vous propose quelques fleurs correspondant à certains états émotionnels. Mais un mélange personnalisé, composé par un·e naturopathe ou un·e conseillèr·e en fleurs de Bach, pourra aller plus en profondeur.

Honeysuckle
(chèvrefeuille)
L'arrivée d'un nouveau bébé dans la famille vient perturber les repères établis. Associé à celui du noyer, l'élixir de chèvrefeuille aidera votre enfant à vivre cette période de transition.

Impatiens
(impatiente)
Si votre enfant est actif, vif et souvent impatient – voire agité et excitable – ou s'il s'ennuie facilement et se fâche quand il n'arrive pas à faire ce qu'il veut rapidement, cet élixir lui conviendra à merveille.

Star of Bethlehem
(étoile de Bethléem)
Pour un enfant qui a subi un choc physique ou émotionnel, qui se sent triste et seul et qui a des difficultés à surmonter son chagrin : cet élixir l'aidera à retrouver apaisement et sérénité.

Par ailleurs, la combinaison de la **chicorée** du **noyer** pourra être très bénéfique s'il est difficile pour votre enfant de se séparer de vous pour aller à la crèche ou chez l'assistante maternelle, par exemple, et qu'il s'accroche et pleure dès que vous voulez partir.

L'accompagnement des émotions est évidemment complexe et fait intervenir de nombreux facteurs. C'est bien la conjonction d'un ensemble d'éléments qui va permettre à l'enfant de se sentir en sécurité et d'exprimer ce qui l'agite. Notamment, lorsque l'on pose des mots sur un mal-être ou une émotion forte, l'enfant se sent reconnu et son émotion peut s'apaiser, parce qu'il a été entendu et accepté.

La motricité libre pour découvrir le monde

La motricité libre consiste à laisser l'enfant libre de ses mouvements afin de lui permettre d'explorer son corps et son environnement et de se développer en toute confiance. Cette méthode a été inventée dans les années 1960 par la pédiatre Emmi Pikler, qui était convaincue que le petit enfant est un être doué de sensibilité et capable de se développer seul, sans l'intervention d'un l'adulte.

Quelques questions pour pousser la réflexion

La motricité libre vous intéresse, mais vous hésitez encore à offrir à votre enfant cette expérience dans son développement. Je vous invite à répondre aux questions ci-dessous afin de comprendre vos réticences et peut-être de les surmonter.

- Quelles sont vos croyances concernant la motricité libre de l'enfant ?
- Comment procédez-vous dans l'accompagnement de la motricité de votre bébé ?
- Quelles sont vos freins, vos peurs, vos appréhensions ?
- Comment développez-vous la confiance en votre enfant ?

Les premiers mois, le nourrisson a besoin d'être entouré physiquement pour se constituer une sécurité affective. Une fois cette sécurité de base acquise, l'enfant va pouvoir s'exprimer à travers sa motricité. Il est alors fondamental de lui permettre d'être libre de ses mouvements dans cette période cruciale parce que l'activité spontanée le rend acteur de son développement. Donc laissez-le bouger, explorer l'espace, saisir des objets, les relâcher, sentir les formes, les textures...

Il a également besoin d'un environnement sécurisé, dans lequel il pourra se mouvoir et créer des interactions positives, qui sont nécessaires pour qu'il puisse se développer en toute confiance. N'hésitez pas à mettre vite l'enfant au sol, sur une peau de mouton ou un tapis molletonné, afin de le laisser faire ses expériences motrices librement. Pensez à alterner les positions ventrale et dorsale ; progressivement, il se tournera tout seul.

Il reste important de respecter le rythme de l'enfant quand on l'accompagne dans ses acquisitions naturelles. Ceci signifie qu'il ne faut pas anticiper des postures ou des actions (position assise ou debout, par exemple) avant qu'il ne soit capable de les faire seul. Il s'agit donc de ne pas faire à sa place. En effet, si l'enfant n'est pas prêt, on risque de le crisper et de le mettre en échec, ce qui aura un effet sur sa capacité à oser expérimenter.

La motricité libre permet aux enfants d'acquérir plus de confiance en eux puisque ce sont eux-mêmes qui construisent leur propre chemin. Elle favorise aussi leur esprit d'initiative et leur créativité. Un bébé libre de ses mouvements pourra explorer son environnement par les sens (toucher, sentir, porter à la bouche, etc.) sous le regard bienveillant de l'adulte qui saura le guider en mettant des limites avec douceur afin de prévenir les dangers. La posture de l'adulte est bien de sécuriser l'espace et de rendre possibles les expériences motrices sensorielles.

Quelles chaussures choisir ?

Le pied est formé de 26 petits os et d'une trentaine d'articulations, ainsi que d'une centaine de tendons et ligaments, qui travaillent ensemble pour permettre à l'enfant de se déplacer au sol, dans un premier temps, puis d'acquérir la station debout, la marche, la course, le saut et tous les mouvements connexes.

Le pied du jeune enfant n'a pas besoin d'être maintenu dans une chaussure rigide. Au contraire, en lui permettant de se développer librement, l'enfant acquiert des compétences motrices et une aisance dans ses mouvements et ses postures. Car le pied doit être libre et non entravé pour fonctionner de manière optimale. Un pied libéré permet de développer une posture adéquate qui préviendra notamment les douleurs dorsales.

Si vous craignez qu'il ne prenne froid sur le sol à l'intérieur, proposez-lui plutôt des chaussons souples, sans semelles rigides, ou des chaussettes antidérapantes.

Il existe aujourd'hui des chaussures dites « minimalistes », qui permettent une plus grande liberté de mouvement, et surtout, qui laissent le pied reposer dans la chaussure sans contraintes au niveau de la voûte plantaire et du talon.

Affenzahn® et Barefoot® fabriquent des modèles très adaptés à la vie de l'enfant en plein air et à son autonomie, mais vous pouvez sans doute trouver d'autres marques.

LE POINT DE VUE DE L'OSTÉOPATHE

Sur la marche

Carole Pendariès-Menard,
ostéopathe DO

Pour apprendre à marcher, il faut être bien chaussé·e. Pour un jeune enfant, privilégiez la marche pieds nus dans un premier temps, cela facilitera le développement de sa sensibilité plantaire. Ceci est primordial pour ce que l'on appelle la proprioception (la capacité à se situer dans l'espace). Il est important de lui permettre de marcher pieds nus sur tous types de surfaces : le carrelage froid et lisse, le sable granuleux et chaud, l'herbe humide et douce, l'eau, etc.

Pour chausser votre enfant, préférez une semelle plutôt souple, afin de favoriser le déroulé du pied. Si la semelle est trop rigide, l'enfant aura tendance à taper du pied pour bien ressentir le sol au lieu de bien le dérouler, alors que c'est le mouvement fondamental pour la propulsion future.

Se mouvoir en extérieur, un besoin essentiel

> *« Les enfants devraient vivre au grand air, face à face avec la nature qui fortifie le corps, qui poétise l'âme et éveille en elle une curiosité plus précieuse pour l'éducation que toutes les grammaires du monde. »*
> Alexandre Dumas père, écrivain

Les enfants ont besoin de tisser un lien avec la nature, tant pour des questions de santé que pour leur développement physique et psychique. L'enfant se confronte à la différence, à ce qui est autre en développant le lien à la nature. Il se confronte aux éléments qui l'amènent à s'adapter, il découvre les matières, les arbres, les plantes et tout cela lui apprend la vie finalement et comment il adapte ses réactions à ces éléments. De plus en plus sédentaires, les enfants développent des pathologies sociétales comme l'hyperactivité, le stress, les troubles de l'attention ou l'obésité.

La nature offre son florilège de possibilités : courir, grimper, creuser, modeler, se salir, cueillir (avec parcimonie), sentir, observer les petites bêtes et insectes de toutes sortes, se rouler dans l'herbe, observer les nuages, rêver, écouter les chants d'oiseaux et la musique de la nature… et cette liste est loin d'être exhaustive.

Bien sûr, les conditions de vie actuelles offrent moins de possibilités aux enfants pour jouer librement dans la nature. Elle n'en demeure pas moins un élément essentiel dans le développement harmonieux, des enfants comme des adultes.

Il existe de plus en plus d'initiatives de jardins d'enfants complètement en extérieur. Les enfants y vivent dehors au fil de l'année, quelle que soit la météo. En Allemagne, où je vis actuellement, ces jardins d'enfants ne sont pas rares. Les conclusions sont positives et renforcent le constat que la nature est une école de vie pour les enfants.

Les enfants qui fréquentent ces lieux développent :
- une meilleure connaissance et une meilleure compréhension des animaux, des plantes, des arbres, de la météo, des saisons et de tous les mystères de la nature, ce qui participera peut-être à favoriser une conscience accrue des problématiques environnementales ;
- une plus grande résistance aux infections ;
- des sens aiguisés ;
- une plus grande autonomie ;
- une confiance en soi ;
- un sens de l'entraide et de la solidarité ;
- une meilleure appréhension de l'espace, puisque grimper aux arbres et se confronter aux éléments naturels oblige l'enfant à s'ajuster en permanence et à élaborer des stratégies d'adaptation physique et psychique.

Donc promenez-vous dans les bois et faites-les courir, faites-les danser, et faites cela ensemble !

De l'importance de laisser l'enfant jouer

Que doit faire un enfant à deux ans ? jouer,
À trois ans ? jouer,
À quatre ans ? jouer,
À cinq ans ? jouer.
Et après on peut voir !
Julien Cohen-Solal, pédiatre

L'enfant découvre son environnement par les sens et par le jeu, ce qui va lui permettre de comprendre le monde et d'y prendre sa place. Le premier jeu de l'enfant est son propre corps, qu'il explore en mettant ses doigts et ses pieds à la bouche. Puis il se tourne vers l'extérieur où des objets viennent nourrir ses jeux.

Pourquoi le jeu est si important pour les enfants ?

Le jeu se situe au cœur de la nature de l'enfant. C'est une activité fondatrice dans son développement physique et psychique et qui l'absorbe complètement. Plus il joue, plus il apprend la vie.

Pour un tout-petit, la simplicité et la répétition sont les fondements des interactions sociales : plus l'objet de jeu est simple, plus il va inviter l'enfant à être créatif et à développer son imaginaire. Des jouets trop sophistiqués ne l'aident pas à se créer un monde à lui. La suggestion est mille fois préférable à la précision de l'objet.

Il est important d'offrir aux enfants des plages de liberté où il peut évoluer à son rythme. L'ennui qui s'installe parfois permet l'émergence de créations et de jeux fabuleux. L'enfant a besoin de ces temps de vide pour intégrer à la fois les apprentissages et les expériences émotionnelles et affectives.

Il y a différents types de jeux. D'une part le jeu naturel et spontané de l'enfant qui est dans son monde, qui se crée sa réalité en élaborant sa pensée, sa créativité et son imaginaire. Ce jeu-là est gratuit, il n'est soumis à aucune exigence de résultats ni d'apprentissages. C'est le jeu symbolique par excellence. C'est la finalité du jeu !

Et puis il y a les jeux éducatifs qui sont soumis à des règles, souvent initiées par l'adulte, et avec une visée sous-jacente d'apprentissage. Certains enfants aiment contourner les règles du jeu, les transformer et se les approprier à leur manière et cela développe leur inventivité.

Lire à voix haute avec son bébé, un plaisir à partager dès la naissance

Entendre la voix de ses parents est une découverte plaisante pour votre bébé. Lorsque vous parlez ou que vous lui racontez des histoires, il se laisse bercer par la mélodie des sons et des mots que vous lui offrez.

Très vite, votre bébé répond à vos paroles : il sourit, grimace, s'endort paisiblement et a recours, plus ou moins fréquemment, aux pleurs. Il manifeste tout simplement son besoin d'être en interaction avec vous.

Les histoires racontées ont ici toute leur place. Elles relient les enfants et les parents dans un moment de partage d'émotion et de transmission de rêverie.

Le livre est un objet culturel qui favorise à la fois la construction langagière du bébé et son envie de découvrir le monde qui l'entoure et de donner libre cours à son imagination.

Votre bébé est déjà un explorateur. Vous le verrez sûrement attraper ce livre, le tourner dans tous les sens, l'ouvrir par inadvertance au début et de plus en plus volontairement ensuite, pour en saisir ses caractéristiques : la forme, le volume, le poids, les couleurs, la texture du papier, etc. Il participe ainsi à son propre développement en synchronisant simultanément toutes ses découvertes sensorielles : il touche, perçoit des images et entend des voix et des sons. Cette manipulation du livre est essentielle pour apprendre les codes de la lecture.

Il est vrai que certains bébés aiment mettre les livres à la bouche, sans doute pour les goûter. Cette période n'est pas toujours évidente pour les parents, qui peuvent craindre pour leur enfant. Parfois, la première réaction est de retirer les livres qui ont été mis à sa portée. Mais ne cherchait-il pas simplement à vous montrer qu'il adore dévorer les histoires ? Peut-être, pourriez-vous proposer de lui lire l'histoire ?

Chaque lecture est une nouvelle rencontre. Tous ces livres cachent de magnifiques histoires qui éveilleront la curiosité de votre enfant et son envie de découvrir le monde qui l'entoure, un peu plus chaque jour. De nombreux personnages y vivent des situations similaires à celles vécues par votre bébé. Si ces histoires lui parlent, il vous en réclamera la lecture à de nombreuses reprises. Et vous vous en lasserez bien avant lui ! Mais s'il vous le demande, sachez qu'il en éprouve le besoin.

QUELQUES ALBUMS COUPS DE CŒUR

À lire sans modération !

- *Coucou*
de Lucie Félix (Éditions des Grandes Personnes).
- *Très, très fort !*
de Trish Cooke et Helen Oxenbury (Flammarion).
- *Pomme pomme pomme*
de Corinne Dreyfuss (Thierry Magnier).
- *Petit-Bleu et Petit-Jaune*
de Leo Lionni (École des loisirs).
- *2 petites mains et 2 petits pieds*
de Mem Fox et Helen Oxenbury (Gallimard Jeunesse).
- *Bébé*
Fran Manushkin et Ronald Himler (École des loisirs).
- *Berceuses & balladines jazz*
de Ceilin Poggi, Thierry Eliez, Ilya Green et Murielle Szac, (Didier Jeunesse).
- *Les mains de papa*
de Émile Jadoul (École des loisirs).

LE POINT DE VUE D'UNE LECTRICE PROFESSIONNELLE

Céline Naylor,
lectrice et formatrice petite enfance

Lorsque je lis avec les bébés, j'éprouve de la joie ; je suis émerveillée.

Au-delà du plaisir de partager une histoire qui m'a fait ressentir des émotions, je suis toujours émerveillée par le regard et les expressions des enfants : parfois absorbés par l'image, parfois en recherche de mouvement, ils sont toujours prêts à vivre de nouvelles aventures !

Certains enfants regardent attentivement le livre, d'autres le visage du lecteur ou de la lectrice. Je me questionne toujours : regardent-ils les lèvres articuler ? ou les mimiques du visage ? Quelles émotions éprouvent-il en écoutant la mélodie des mots ? Ressentent-ils les vibrations émises par les sonorités ? Que de découvertes à faire pendant une lecture ! Et quel plaisir d'être témoin de l'émerveillement des enfants !

J'anime des séances de lecture avec des femmes enceintes et avec des nourrissons. C'est une aventure que j'apprécie de partager avec les tout-petits et leurs parents. Lors de la lecture, chacun se laisse bercer, à son rythme, par la mélodie de la voix et la prosodie des mots (rythme, sons, etc.). Les adultes profitent d'un agréable retour dans leur enfance et font émerger de chaleureux souvenirs.

Qui sait, je vous y rencontrerai peut-être !

La créativité, une aptitude innée

« Les enfants auxquels on permet d'être libres du point de vue créatif sont ainsi encouragés à devenir des adultes créativement libres ».

Julia Cameron, autrice

Les enfants sont des explorateurs. Ils découvrent le monde avec leurs sens et transforment en jeu ce qu'ils voient et ressentent. Le jeu et l'imagination sont les premières activités créatrices de l'enfant. Dès le berceau, le bébé qui, dans un élan d'imagination, se représente le parent qui va venir, est déjà créatif.

L'enfant ne crée pas pour atteindre un résultat. Il crée, car c'est sa manière d'être au monde. L'exigence de résultat vient parfois perturber cette créativité naturelle s'il sort de sa spontanéité pour entrer dans le faire et faire plaisir. Il se déconnecte de sa source créative pour répondre aux attentes.

C'est en nourrissant et en stimulant sa curiosité, en lui permettant de se connecter avec ce qui le fait rêver et ce qui le fait vibrer, que l'on entretient la créativité de l'enfant et qu'il renforce sa confiance en lui-même. Invitez votre enfant à exprimer son ressenti face à ses créations, voire à les raconter. En lui donnant la parole sans, de votre côté, faire de supposition ou d'extrapolation, vous lui offrez la liberté créative délivrée de l'attente du jugement de l'autre. C'est un beau cadeau sur le chemin de sa créativité !

Et si vous installiez un coin de créativité chez vous ?

Un tel lieu est propice pour que les enfants expriment leurs émotions par la créativité. Instruments de musique, matériel d'arts plastiques (papier, feutres, cartons, boîtes, colle, scotch, trombones, magazines, etc.), tissus, déguisements… L'idée est de laisser à sa disposition tout ce qui pourra l'inspirer et favoriser sa libre expression.

De temps à autre, vous pourrez partager des activités créatives et :

- inventer une histoire à deux voix ;
- ufaire des listes farfelues ;
- recenser les dix activités un peu folles qui vous rendent heureux et les comparer ;
- danser ensemble ;
- chanter et improviser ;
- inventer des recettes fabuleuses et originales ;
- mettre les mains dans la terre…

Osez réveiller l'enfant qui est en vous et mettez de la joie dans votre vie ! Les activités créatives se déclinent dans tous les domaines de la vie. Je pense que nous avons plus que jamais besoin de cette expression créative. Entrez dans la danse !

Développer la gratitude

La gratitude est un sentiment qui amène beaucoup de joie. Ouvrir les yeux sur les cadeaux de la vie est une belle habitude à prendre dès l'enfance. La gratitude ne se pratique pas uniquement lorsque tout va bien. Elle puise sa force dans les situations plus compliquées. Voir les belles choses quand ça va mal est un exercice auquel il faut s'entraîner. C'est un peu comme voir le verre à moitié plein ! La gratitude permet de revisiter la journée avec un peu de recul et un regard neuf.

Et si vous mettiez en place ce nouveau rituel ?

Apprendre à porter son attention sur le positif, la beauté et les petits bonheurs quotidiens, permet à l'enfant de développer une grande force en grandissant : celle de se réjouir de ce qui est.

Une invitation à créer de jolis souvenirs

À qui avez-vous envie de dire merci ?

Qu'est-ce qui vous a donné de la joie ?

Ce peut être des petites choses qui n'ont pas de prix, mais un grand effet sur vous : un sourire, une parole gentille, un geste affectueux, un moment de jeu partagé, un coucher de soleil, la saveur et le réconfort d'une tasse de chocolat chaud, le temps d'un câlin ou d'une histoire, blotti·es dans le canapé...Chaque jour, souvenez-vous ensemble de trois petits bonheurs.

Et pourquoi ne pas les noter dans un joli carnet pour en conserver la trace pour les jours plus gris ?

En guise de conclusion

« Même le plus long des voyages commence par un premier pas. »
Lao Tseu, fondateur du taoïsme

Nous arrivons au terme de ce voyage de la grossesse aux premières années de l'enfant avec la naturopathie.

Je vous invite à aborder les changements avec douceur et enthousiasme, non comme des obligations, mais comme des opportunités de prendre soin de vous, de votre enfant et de votre famille avec une meilleure conscience des impacts sur la santé et sur le lien à tisser avec la nature.

Dites-vous qu'il est toujours possible de changer des habitudes au profit de nouvelles qui vous correspondent mieux. Le chemin de la vie s'appréhende un pas après l'autre, chacun·e à son rythme. Mettez-vous à l'écoute de vos besoins et de ce qui est essentiel pour vous et guidez votre enfant sur ce sentier.

Prenez soin de vous !

Des femmes merveilleuses

Dre Ivana Franco, médecin homéopathe

Ivana guide les familles avec un immense respect du vivant et de l'individu. Son accompagnement des bébés a toujours été pour moi une source d'inspiration. Sa disponibilité, sa justesse et son écoute sont des qualités inestimables chez un·e médecin.

Ivana, merci à toi d'avoir écrit cette magnifique préface, qui est une invitation à œuvrer ensemble pour l'avenir de la planète. Notre amitié a pris racine dans notre relation de médecin à patiente, lorsque nous refaisions le monde en parlant d'éducation, de créativité, de santé ou de nos enfants, tout en buvant des litres de thé.

Carole Pendariès-Menard, ostéopathe DO

Mon amie de très longue date, Carole, n'a pas hésité une minute à plonger dans l'aventure de l'écriture de cet ouvrage en nous offrant son point de vue pertinent et complémentaire d'ostéopathe. Son professionnalisme et son engagement au service de l'humain nous offrent une meilleure compréhension de la physiologie de la grossesse et du développement du tout-petit.

J'ai vraiment apprécié ce chemin d'écriture en ta compagnie, Carole. Comme une évidence, nos écritures se répondaient avec fluidité.

Laura Mbaye-Hohenegger, sage-femme

Passionnée par les femmes, la naissance et les bébés, Laura nous offre dans cet ouvrage son point de vue éclairé de sage-femme.

Créatrice du podcast *Mères nature et slowbirth*, elle nous régale de ses interviews inspirantes. Merci Laura d'avoir accepté de sauter dans l'aventure de l'écriture !

Céline Naylor, lectrice et formatrice petite enfance

Céline est une lectrice passionnée qui partage son engouement avec les bébés et les familles, mais également avec des étudiant·es, puisqu'elle est formatrice.

Lire avec les bébés et les familles participe à la construction du lien précoce entre parents et enfants. Céline nous invite à nous laisser émerveiller par des histoires et des albums de qualité littéraire et graphique, tous primés par les bébés. Merci à toi d'avoir répondu présente et de m'avoir confié tes mots empreints de ta sensibilité et de ton authenticité, qui font de toi une lectrice passionnante !

Virginie Mandin Derobe, haptothérapeute

Haptothérapeute, accompagnante du féminin et enseignante à l'École française du rebozo, Virginie forme des passionné·es au soin et au rituel rebozo dans toute l'Europe. Vous pouvez retrouver toutes les informations que vous souhaitez sur cette magnifique approche pour prendre soin de soi et honorer le féminin sur son site : lerebozo.fr. Merci à toi Virginie d'avoir accepté de participer à l'aventure sans hésitation !

Anne-Christine Barbequot, maman et doula

Par sa douceur et son écoute respectueuse, Anne-Christine accompagne des couples sur le chemin de la maternité. Autrice du livre *Heureuse d'accoucher*, préfacé par Isabelle Challut, elle nous invite à repenser l'accouchement et à donner un sens à l'intensité des contractions.

Elle est également la créatrice du site Chemins de naissance, pour vivre sa maternité autrement. Merci à toi Anne-Christine d'avoir sauté avec enthousiasme dans l'aventure de l'écriture !

Marie-Claude Maisonneuve, formatrice en Rééquilibrage sensoriel émotionnel et moteur (RSEM©)

Après une longue carrière comme praticienne en Rééquilibrage Sensoriel Émotionnel et Moteur© (RSEM) et chercheuse, elle se consacre désormais à la transmission de son extraordinaire bagage et de son expérience ainsi qu'à l'écriture.

J'ai eu la joie de rencontrer Marie-Claude à l'occasion de l'écriture de ce livre. Merci d'avoir accepté de partager ton expertise avec moi, Marie-Claude.

Et un grand merci pour vos témoignages,
Charlotte Moulin (doula et maman de trois enfants)
et Magalie Serret (également doula et maman de trois enfants,
mais aussi créatrice du podcast *Naissance authentic*).

Merci à chacune d'entre vous pour votre confiance, votre enthousiasme
et votre engagement à participer à ce projet d'écriture !

Avec ma profonde affection,

Virginie

Pour aller plus loin

Afzal, Uz.
La Pleine Conscience pour les enfants, Paris, Éditions La Plage, 2019.

Bauer, Ingrid.
Sans couches, c'est la liberté ! À la redécouverte de l'hygiène naturelle du bébé, Paris, Éditions l'Instant Présent, 2016.

Bayot, Ingrid.
Le Quatrième Trimestre de la grossesse, Toulouse, Éditions Érès, 2018.

Bonnet Del Valle, Muriel.
La Naissance, un voyage : l'accouchement à travers les peuples, Paris, Éditions l'Instant Présent, 2005.

Cardinal, François.
Perdus sans la nature, Montréal, Éditions Québec Amérique, 2010.

Challut, Isabelle.
Rituels de femmes pour réenchanter la maternité, Paris, Éditions Le Courrier du Livre, 2017.

Costantino, Sandrine.
Nourrir son enfant autrement, Paris, Éditions La plage, 2019.

Didierjean-Jouveau, Claude-Suzanne.
Anthologie de l'allaitement maternel, Genève, Éditions Jouvence, 2020.

Enning, Cornelia.
Le Placenta : rituels et usages thérapeutiques, Breuillet, Éditions Le Hêtre Myriadis, 2018.

Glöckner, Michaela et Wolfgang, Goebel.
L'Enfant, son développement, ses maladies : Un guide médical et pédagogique, Yverdon-les-Bains, Éditions Anthroposophiques Romandes, 1993.

Howard, Judy.
Les Remèdes floraux du Dr Bach recommandés aux femmes, Paris, Éditions Medicis, 1992.

Marsaudon, Fabienne.
Hymne à la vie (livre-disque), Épagny, Éditions Monte-Cristo, 2002.

Masson, Robert.
Précis de pédiatrie naturopathique, Paris, Éditions Guy Trédaniel, 2006.

Mispelaere, Christiane.
Naître et Mourir accompagné, Bruxelles, Amyris, 2018.

Odent, Michel.
Le Fermier et l'Accoucheur : l'industrialisation de l'agriculture et de l'accouchement, Paris, Éditions Medicis, 2004.

Odent, Michel.
L'Amour scientifié : les fondements biologiques de l'amour, Paris, Éditions Jouvence, 2010.

Phung, Carine.
Conseils et astuces pour élever son enfant sans couches ou presque ! l'hygiène naturelle infantile, Gap, Éditions Le Souffle d'Or, 2009.

Probst, Carole.
Memento naturopathique de la grossesse, Paris, Éditions La Plage, 2008.

Relier, Jean-Pierre.
L'aimer avant qu'il naisse, Paris, Éditions Robert Laffont, 2006.

Tilgner, Jule et Marcia, Friese.
Mutter werden, Weinheim, Éditions Beltz, 2019.

Index

Abréviations

HE : huile essentielle

HA : hydrolat

HV : huile végétale

Aux éditions Mango

Collection « Aider à grandir »

Parents aujourd'hui

Collection « En pratique ! »

Direction : Guillaume Pô

Direction éditoriale : Tatiana Delesalle

Édition : Julie Cot

Direction artistique : Chloé Eve

Mise en pages : Le Studio d'exées

Illustrations : Inès Dubreuil sauf p. 138 et 142-143 d'Emmanuelle Pioli

Direction de fabrication : Thierry Dubus

Suivi de fabrication : Julia Mirenda

1re édition - N° d'édition : M21207

ISBN : 978-2-3170-2712-3

Code MDS : MN27123

Achevé d'imprimer en août 2021 par Graphycems en Espagne

Dépôt légal : septembre 2021

www.mangoeditions.com

MIXTE
Papier issu de sources responsables
FSC® C007507
FSC www.fsc.org

Ce livre s'inscrit dans une démarche écoresponsable. Il est composé de matériaux issus de forêts bien gérées, certifiées FSC® et d'autres sources contrôlées. Cette certification garantit une empreinte carbone réduite et une gestion raisonnée de la forêt, qui maintient la biodiversité et protège les écosystèmes. Il est imprimé avec des encres à base d'huile végétale. Il a été imaginé et conçu en France, et imprimé en Europe.

Retrouvez-nous sur Instagram : @mangoeditions et sur facebook : @Mangofamillecomplice